8/04/03

EL GRAN LIBRO
DEL DOLOR DE ESPALDA

Cuerpo y salud

Mike Hage

EL GRAN LIBRO
DEL DOLOR DE ESPALDA

*Más de 200 figuras explicativas para
contrarrestar el dolor*

PAIDÓS

Barcelona
Buenos Aires
México

Título original: *The Back Pain Book. A Self-Help Guide for Daily Relief of Neck and Back Pain*
Originalmente publicado en inglés, en 1992, por Peachtree Publishers, Ltd., Atlanta (Georgia), EE.UU.

Traducción de Esther González Arqué

Cubierta Julio Vivas

© 1992 Rehabilitation Institute of Chicago (texto original)
© 1992 Rehabilitation Institute of Chicago (ilustraciones)
© 2001 de la traducción, Esther González Arqué
© 2001 de todas las ediciones en castellano
  Ediciones Paidós Ibérica, S.A.,
  Mariano Cubí, 92 - 08021 Barcelona,
  y Editorial Paidós, SAICF,
  Defensa, 599 - Buenos Aires
  http://www.paidos.com

ISBN: 84-493-1073-3
Depósito legal: B-20.936/2001

Impreso en Gràfiques 92, S.A.,
Av. Can Sucarrats, 91 - 08191 Rubí (Barcelona)

Impreso en España - Printed in Spain

*A mis padres George y Nellie, a J.D.
Meacham, M.K., De-de y George:
vosotros me enseñasteis que el dolor (los episodios dolorosos)
no es el enemigo, sino la señal que nos anuncia
que es hora de cambiar, de mejorar, de remediar
y de asumir nuestra vida.*

Sumario

Agradecimientos

A mis colegas de Physical Therapy, Ltd., Programas de Fisioterapia de la Universidad de Northwestern, al Instituto de Rehabilitación de Chicago, al Rusk Rehabilitation Center (Missouri) y a la Escuela de Fisioterapia de la Universidad de Missouri: gracias por mi vida profesional, por mi trabajo y por el tesoro de conocimientos que compartimos. Mi especial agradecimiento a los fisioterapeutas pasados y presentes cuya contribución en este campo queda plasmada en este texto.

A mis pacientes, que me han espoleado con sus cuestiones, me han motivado con su capacidad de mejoría y me han enseñado a apreciar el eficaz movimiento sin dolor.

Y, finalmente, y como más importante, a Annette y a Maury Light, que hicieron posible todo esto.

Prefacio

Agradezco que me hayan dado la oportunidad de escribir este texto. El 80 % de nuestra población experimentará alguna forma transitoria o permanente de dolor en el cuello o en la espalda durante el transcurso de su vida. Cierto número de estos individuos experimentará dolor durante más tiempo del razonable, a pesar de la intervención médica.

Cuando el dolor se vuelve crónico, se puede convertir en un «síndrome bio-psico-socio-económico». Entre veinte y treinta millones de dólares al año se gasta la población buscando una solución a su dolor de columna, lo que se convierte en una pérdida de días de trabajo que oscila entre los veinticinco y los treinta millones al año.

Cuando el dolor se vuelve crónico, al paciente le suele resultar eficiente y económico ponerse en contacto con un equipo de profesionales de la salud que le plantea un tratamiento integrado y multidisciplinario para su dolor —un tratamiento que pone el acento en la educación del paciente—. Cuando a los pacientes se les educa en la comprensión de los aspectos anatómicos y fisiológicos de su dolor, mejoran los resultados de su tratamiento y el pronóstico de su problema.

Esta necesidad de equipo fue reconocida por el Instituto de Rehabilitación de Chicago en 1974 con la formación del departamento Low Back and Pain Clinic (zona lumbar y dolor clínico) —el primero en el Midwest—, que con los años se convertiría en el Center for Pain Studies (Centro de Estudios del Dolor). El programa demostró que un equipo dedicado al dolor, compuesto por médicos, fisioterapeutas, psicólogos, terapeutas ocupacionales, consejeros vocacionales y terapeutas recreativos puede ser efectivo para tratar el mayor problema físico y económico de Estados Unidos.

Michael Hage fue el fisioterapeuta supervisor del programa contra el dolor en el Instituto de Rehabilitación de Chicago durante varios años. Mike, en la realización de este libro, ha reconocido la necesidad de un instrumento que ayude a los individuos con dolor, que puedan o no haber sido tratados por un equipo multidisciplinario, pero que necesitan comprender mejor su problema para poder participar activamente en su proceso de recuperación, para mejorar la comprensión de sus actividades diarias y, finalmente, para examinar su entorno con el fin de hacer las adaptaciones convenientes para disminuir los episodios y la duración del dolor y, por último, mejorar su calidad de vida en general.

Este libro será un valioso instrumento para los individuos con dolor de cuello y de espalda, puesto que les ayudará a aprender conductas y a llevarlas a sus casas y lugares de trabajo. El libro está escrito en un lenguaje claro y se hace incluso más comprensible por la presencia de detalladas ilustraciones. Felicito a Mike Hage y expreso mi deseo de que el libro tenga todo el éxito que se merece.

ROBERT G. ADDISON, M.D.
Fundador y consultor mayor
del Centro para el Estudio
del Dolor en el Instituto de
Rehabilitación de Chicago

Antiguo Presidente de la Sociedad
Americana contra el Dolor
(American Pain Society)

Profesor de cirugía ortopédica clínica
y de medicina física y rehabilitación
en la Escuela médica de la
Universidad de Northwestern

Introducción

Aprender a controlar el dolor

Este libro es una guía de autoayuda para las personas que tienen dolor en el cuello o en la espalda. Ofrece un sistema práctico y equilibrado de autoaplicación de cuidados y ayuda a corregir tu forma de moverte, de colocarte, de descansar y de hacer ejercicio. El objetivo principal del libro es hacer que mejores tu postura y tus movimientos corporales durante la realización de tus actividades cotidianas para que puedas disminuir tu dolor y mejorar tu eficacia y tu apariencia.

Puedes tener dolor en cualquier parte, desde la cabeza, el cuello y los hombros hasta la zona lumbar y la pelvis, así como también en los brazos y en las piernas, dolor que de hecho viene del cuello o la espalda. Tu dolor puede ser reciente o puedes llevar años sufriéndolo. Quizás es el resultado de la combinación de algunos de los siguientes factores: un accidente, cambios estructurales degenerativos debidos al envejecimiento, prolongadas posturas incorrectas y/o sufrir una enfermedad. Es posible que alguien te haya dicho que simplemente debes aprender a vivir con él o que abandones cualquier actividad. A pesar de la causa o localización de tu problema o del tiempo que lleves padeciéndolo, puedes aliviar tu dolor y seguir con tu actividad de una forma constructiva realizando los movimientos o ejercicios correctos que se describen en este libro.

Este libro no te remite a diagnósticos médicos específicos o al uso de medicación, cirugía y ajustes nutricionales para los diversos problemas del cuello y de la zona lumbar. En lugar de darte información sobre la manera de diagnosticar y de tratar médicamente tu problema, este libro te enseña a controlarlo mediante el autotratamiento. Su premisa es que aprendas a adoptar las posturas adecuadas y a moverte con una mejor alineación, menos esfuerzo, mejores hábitos respiratorios y una perspectiva más constructiva para que puedas afrontar directamente cualquier problema musculoesquelético de la columna.

Éstos son los movimientos correctos que se describen a lo largo del libro. Tu meta debe ser incorporar estos movimientos a las actividades diarias que desarrollas, desde conducir hasta tu lugar de trabajo hasta pasear para hacer ejercicio. Esto requerirá cierta concentración por tu parte y que tomes conciencia de las respuestas de tu cuerpo a los diversos movimientos y posturas. Para lograr un alivio duradero del dolor tendrás que estar lo suficientemente alerta para reconocer cuando estás realizando un movimiento incorrecto (mala alineación, tensión, hábito respiratorio inadecuado y/o pensamientos y emociones negativas) y lo suficientemente disciplinado para reemplazar estos movimientos por los movimientos correctos apropiados. De esta forma podrás dejar de ser una víctima de tu dolor y empezar a tener el control de tu vida.

Cómo está organizado este libro

El capítulo 1 describe brevemente tus sistemas eléctricos y estructurales y explica la manera en que están implicados en la disminución o aumento del dolor. El sistema eléctrico es el sistema nervioso, pero pensar en él en términos de electricidad hace más fácil comprender su papel en el transporte, almacenamiento e interpretación de los mensajes tanto de dolor como de bienestar. Esto te ayudará a aprender cómo utilizar los «circuitos de bienestar» para disminuir tu dolor. El sistema estructural es lo mismo que el sistema musculoesquelético. Independientemente del diagnóstico específico, si tu dolor se debe a problemas estructurales de la columna, mejorar tu habilidad para colocarte, moverte y fortalecer el sistema estructural hará que el dolor disminuya.

El capítulo 2 se centra en aquellos momentos en los que tu principal preocupación es calmar el dolor. Puedes usar los métodos descritos en este capítulo para obtener un alivio rápido del dolor en aquellos períodos de tiempo cortos o prolongados en los que el dolor ha aumentado. Estos métodos incluyen posturas y movimientos calmantes, visualización y respiración relajante y el uso de «apósitos» que calman el dolor (calor, frío, vibraciones, fajas, etc.).

El capítulo 3 enseña los movimientos correctos y los incorrectos relacionados con estar sentado, estar de pie, caminar, agacharse y levantarse. Si aprendes a adoptar alguno de los simples métodos para mejorar tu postura y mecánica corporal descritos en este capítulo, reducirás el desgaste de tu cuello y espalda. El resultado final es la disminución del dolor, la mejora de la función y la obtención de una apariencia más sana y atractiva.

El capítulo 4 sigue describiendo movimientos correctos e incorrectos relacionados con las actividades cotidianas. Basándose en el ciclo de 24 horas de una persona normal, explica situaciones específicas, como, por ejemplo, bañarse, vestirse, viajar, realizar las tareas del hogar, trabajar en el jardín y trabajar en una oficina.

El capítulo 5 muestra la mejor manera de hacer ejercicios para aquellas personas que sienten dolor en el cuello o en la espalda. Explica con claridad por qué a estos individuos les beneficia tanto mejorar su flexibilidad, fuerza y resistencia y describe métodos seguros para hacerlo. Este capítulo también advierte de los movimientos incorrectos que se pueden hacer mientras se hace gimnasia y del tipo de ejercicio inadecuado y/o de la realización incorrecta de ejercicios, lo cual podría agravar el dolor tanto como la inactividad total. Es importante que comprendas la cualidad del ejercicio correcto y saludable frente al ejercicio incorrecto, que provoca sobrecarga.

Cómo usar este libro

Tratar de leer el libro de principio a fin sin parar puede resultar un poco pesado y, quizá, no demasiado eficiente. Las siguientes recomendaciones te ayudarán a dirigirte directamente hacia la información más importante y beneficiosa para ti:

- El capítulo 1 es corto y proporciona las bases para usar el resto del libro. Leerlo en primer lugar le será útil a cualquiera.
- Si actualmente te hallas en medio de una crisis de dolor que limita tu capacidad para desarrollar tus actividades cotidianas, debes continuar directamente con el capítulo 2. Lee las posiciones recomendadas que calman el dolor y prueba aquellas que estén relacionadas con tu síntoma doloroso. Verás que los apartados sobre respiración, visualización y «apósitos» que calman el dolor son útiles sea cual sea tu problema en particular.
- Si tu dolor aumenta o se inicia como resultado de posturas o movimientos específicos, acude directamente a la información contenida en los capítulos 3 y 4. Por ejemplo, si el dolor aumenta cuando estás sentado, ve directamente al apartado «Cómo sentarse»

del capítulo 3 y a las funciones específicas al estar sentado descritas en el capítulo 4.

- Es importante que manejes bien los métodos y estrategias que se presentan en los capítulos 2, 3 y 4 antes de introducirte en el capítulo de la gimnasia (capítulo 5). En los primeros capítulos aparecen muchas referencias a ejercicios específicos que contiene el capítulo 5. Si tienes dudas o problemas respecto a algún ejercicio de este capítulo, remóntate a estas referencias previas para examinar los movimientos correctos e incorrectos.

- Al final del libro hay unas páginas en blanco para que puedas anotar en ellas tu programa personalizado de autotratamiento de forma esquematizada. Posiblemente incluirás en él alguno o todos los aspectos siguientes:

  —una lista de las posturas o actividades que con más frecuencia agravan tu dolor (véanse los capítulos 3, 4 y 5 para ideas);
  —una lista de los números de las páginas que contienen las posturas que calman el dolor (véase el capítulo 2) y las recomendaciones posturales (véanse los capítulos 3 y 4) que están más relacionadas con tus problemas posturales, movimientos o actividades;
  —y/o una lista de los ejercicios que, de acuerdo con su descripción en el capítulo 5 así como con recomendaciones previas, tengan efectos beneficiosos para ti.

Obtener ayuda/ayudarte a ti mismo

A cualquier persona con dolor en el cuello o en la espalda le serían muy beneficiosas la exploración y las recomendaciones de un fisioterapeuta o las de un médico especializado en los problemas musculoesqueléticos de la columna. Si actualmente estás bajo los cuidados de un fisioterapeuta, este libro constituirá para ti una fuente adicional de información respecto a lo que tú puedes hacer para ayudarte y el terapeuta podrá darte, con mayor eficacia, las recomendaciones más apropiadas para tu situación. Si no has ido a ningún fisioterapeuta ni médico especializado en la columna, deberías acudir a alguno de ellos para que te explorara y determinara el problema y excluir así otros posibles problemas médicos y también para conocer otras posibles terapias médicas y manuales que podrían ayudarte.

No es necesario que te sometas a un examen médico antes de usar la información contenida en este libro; sin embargo, sí que es importante que escuches atentamente a tu cuerpo. Si los síntomas no responden a tus intentos de aliviarlos, si son recurrentes y/o parece que empeoran, lo más aconsejable es que busques ayuda médica.

No hay forma de predecir el grado de mejoría que vas a alcanzar siguiendo las recomendaciones de este libro. Puede suceder que el dolor que sientes actualmente se reduzca de forma rápida o gradual o puede que sólo consigas una reducción discreta del mismo. En cualquier caso, el hecho de buscar de forma activa tu bienestar y mejora funcional hará que tu control sobre el dolor y el efecto que éste produce sobre ti sea mayor.

Como he dicho anteriormente, para tratar los problemas de cuello y espalda es recomendable buscar los consejos de un profesional de la salud. Si prefieres seguir las indicaciones presentadas en este libro, deberás asumir toda la responsabilidad.

Capítulo 1

El sistema eléctrico
y el sistema estructural

El dolor persistente o recurrente suele ser el resultado de desequilibrios estructurales y eléctricos en el cuerpo. Para aliviar el dolor es fundamental reducir tales desequilibrios en la medida de lo posible. Un primer paso muy adecuado es llegar a comprender cómo estos dos sistemas afectan al dolor.

EL SISTEMA «ELÉCTRICO»

El sistema «eléctrico» es el sistema nervioso. Está compuesto por todos los nervios del cuerpo, incluyendo los nervios del cerebro y de la columna vertebral. Forma un complejo circuito que te capacita para moverte, pensar y sentir automáticamente. También te hace capaz de decidir conscientemente cómo te mueves, lo que piensas y cómo te sientes. Un desequilibrio en el sistema eléctrico puede producir dolor, tensión muscular y emocional negativa y fatiga. Si aprendes a disminuir alguno de estos desequilibrios, tu sensación de bienestar, relajación y energía aumentará. Podrás conseguir esto si controlas más conscientemente las siguientes funciones:

Respirar

Tu patrón respiratorio refleja la actividad eléctrica de tu sistema nervioso. Cuando respiras de forma rápida, superficial o nerviosa (debido a tensión, aprensión, ira, miedo o fatiga), tiende a aumentar la actividad eléctrica en tu sistema y esto puede activar circuitos de dolor (véase la figura 1.1). Si fijas tu atención en cómo respiras, podrás tranquilizar tu respiración y hacer respiraciones más profundas y relajadas (véase la figura 1.2). Esto disminuirá la sensibilidad eléctrica de tu sistema y reducirá el dolor.

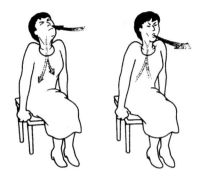

Es especialmente importante prestar atención a la respiración cuando se sufre un aumento del dolor o del estrés. En esos momentos se tiende a centrarse en el dolor o estrés y a mostrar automáticamente patrones respiratorios negativos. No hay que olvidar esto: ¡controlar la respiración puede reducir el malestar!

Figura 1.1

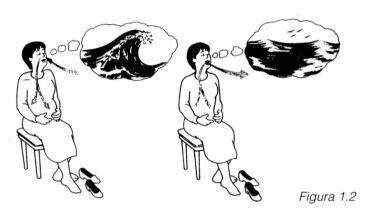

Figura 1.2

Pensar y sentir

Cuando estás enfadado, ansioso, cansado, enfermo o deprimido, tu cerebro incrementa automáticamente tu sensibilidad al dolor. Lo que normalmente te molesta, te molesta todavía más. Es algo parecido a lo que te pasaba de niño cuando sabías que iban a castigarte —tu miedo hace que te tenses, empieza a dolerte y dejas de respirar antes incluso de que te castiguen—. ¡El miedo y la ansiedad te producen imágenes negativas que lo único que hacen es aumentar tu gran dolor, la frecuencia con que aparece y su larga duración! Si te centras en pensamientos e imágenes positivas mientras relajas tu respiración, tu dolor disminuirá, aumentará tu bienestar y contribuirás a curar tu problema.

Los pensamientos negativos no sólo aumentan la sensibilidad al dolor, sino que también causan dolor porque aumentan la tensión muscular. Los sentimientos de miedo, ira o ansiedad tienden a aumentar la tensión muscular de la cara, la cabeza y la espalda. Esto colapsa las articulaciones y sobrecarga los músculos, agravando el dolor (véase la figura 1.3).

Figura 1.3

Figura 1.4

Sentirse deprimido suele provocar decaimiento postural. Independientemente de si tu depresión está causada por el dolor o por cualquier otro problema, es importante que sepas que, si estar emocionalmente «hundido» significa estar posturalmente «hundido», esto añade compresión y tensión dolorosa a tu sistema (véase la figura 1.4).

Tener pensamientos y emociones positivas durante el día (especialmente cuando estás tratando de aliviar tu dolor, ansiedad, estrés o depresión) evitará que se sobreexciten los circuitos del dolor. Las imágenes positivas te ayudarán a adoptar posturas menos estresantes y más atractivas. Los pensamientos positivos que utilices para generar sentimientos positivos pueden ser reales o imaginarios y pueden estar relacionados con cualquier persona, lugar o situación que te ayuden a sentirte bien interna y externamente (véase la figura 1.5).

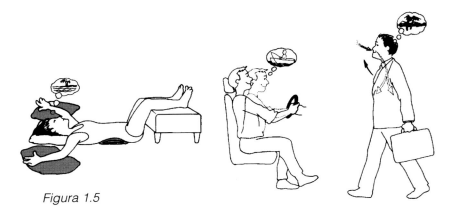

Figura 1.5

Tensión muscular

El exceso de tensión muscular significa que ciertos músculos están trabajando más de lo que deberían durante demasiado tiempo. Este exceso de trabajo provoca la acumulación de productos químicos en los músculos, lo que a menudo causa la formación de puntos gatillo o nudos. Éstos son áreas del músculo extremadamente sensibles, duras y contracturadas. Los nudos, puntos gatillo y espasmos musculares son variaciones de la misma cosa: músculos que se contraen con mucha fuerza y con demasiada frecuencia. Esto suele suceder en la mandíbula, la parte posterior del cuello, el área de los hombros, la zona lumbar de la espalda y los glúteos (véase la figura 1.6).

El exceso de tensión muscular sobrecarga y tira de las articulaciones. Este aumento de la compresión puede activar circuitos de dolor a lo largo de la columna (véase la figura 1.7) y esto puede hacer que aumente el dolor no sólo en el cuello y la zona lumbar, sino también en los brazos y las piernas. Es importante, por tanto, que tomes conciencia de los pensamientos, posturas y situaciones que hacen que aumente tu tensión muscular. Entonces podrás controlar conscientemente tu respiración, pensamientos y sentimientos para aflojar dicha tensión. Esto reducirá la actividad eléctrica en la región, aliviará el patrón rígido y, consecuentemente, disminuirá el dolor (véase la figura 1.8).

Figura 1.6

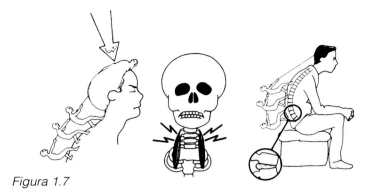

Figura 1.7

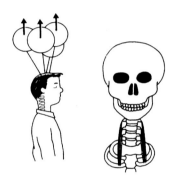

Figura 1.8

Tal y como se ha indicado en el apartado anterior, una postura decaída también provoca compresión en las articulaciones de la columna. Además, el decaimiento postural mantenido puede hacer que aumente la tensión muscular debido al excesivo estiramiento de los músculos y otros tejidos blandos. Cuando esto sucede, los circuitos eléctricos del área estirada intentan avisarte del problema activando nervios del dolor (véase la figura 1.9). Es algo parecido a ir moviendo lentamente hacia atrás tu dedo índice hasta el punto de hacerte daño. En un momento dado empiezas a recibir mensajes de dolor —tu sistema eléctrico está intentando decirte que puedes hacerte daño si no devuelves el tejido a su posición normal.

Sé consciente de tus hábitos posturales durante momentos determinados, posiciones, estados de ánimo y actividades y toma nota de cómo tus posturas afectan a tu dolor. Entonces podrás recolocarte y mantener posturas que mejoren tu equilibrio eléctrico y estructural, lo cual hará que tu dolor disminuya (véase la figura 1.10).

Figura 1.9   Figura 1.10

Sensibilidad de los tejidos

Una reacción habitual al dolor crónico es evitar el movimiento, ser tocado o realizar actividades que antes te gustaban (véase la figura 1.11) porque la actividad en general parece que aumenta tu dolor. Sin embargo, si sigues evitando la actividad durante un período de tiempo largo, tu sistema eléctrico será cada vez más sensible, lo cual hará que el dolor se desencadene con más facilidad.

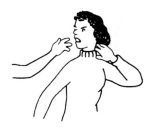

Figura 1.11

El sistema eléctrico incluye circuitos de bienestar y circuitos de dolor. Si evitas completamente la mayoría de las actividades que una vez te gustaron, el sistema eléctrico no tiene la oportunidad de usar sus circuitos normales de bienestar. Por lo tanto, tu sistema eléctrico enciende circuitos de bienestar cada vez con menos frecuencia y, por el contrario, cada vez enciende más circuitos de dolor. ¡Lo único que consigues evitando las actividades que te gustan es aumentar tu dolor!

Si gradualmente vas introduciendo sensaciones y actividades que te gustan y que te aportan bienestar y placer, empezarás a permitirle a tu sistema eléctrico encender sus circuitos de bienestar. Actividades como el movimiento lento, rítmico y relajado y sensaciones como el masaje, vibraciones, calor, frío y la estimulación eléctrica (a niveles confortables) se pueden usar para estimular la actividad de tus circuitos de bienestar. Con el paso del tiempo podrás reprogramar tu sistema eléctrico para tolerar cada vez más sensaciones. A medida que aumente tu nivel de bienestar, podrás aumentar tu nivel de actividad.

EL SISTEMA «ESTRUCTURAL»

El sistema estructural es el sistema musculoesquelético, el que constituye el aspecto «mecánico» del cuerpo. Incluye los huesos y las articulaciones que forman el esqueleto, los músculos dispuestos en capas que conectan, modelan y mueven el esqueleto y los diversos tipos de tejidos que separan, acolchan y conectan el esqueleto y el tejido muscular.

Muchas personas tienen algún tipo de problema con alguna de las partes de la estructura de su columna vertebral. Estos problemas son los más frecuentemente identificados como fuentes de dolor en el sistema estructural. Pueden ser la consecuencia de un accidente, del envejecimiento, del excesivo uso o del mal uso del sistema estructural y/o de una enfermedad.

Los desequilibrios estructurales pueden causar o agravar el dolor. Estos desequilibrios suponen varios patrones de alineación del cuerpo o de movimiento (postura) que causan sobrecarga durante la realización de las actividades cotidianas, incluidos el descanso, el trabajo y el ejercicio (véase la figura 1.12).

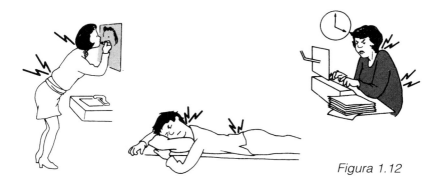

Figura 1.12

Figura 1.12 (continuación)

Alineación y movimiento: patrones correctos

Lo ideal sería que la columna vertebral estuviera recta y bien equilibrada de izquierda a derecha. También debería presentar unas curvas suaves de adelante a atrás, produciendo las curvas cervical, torácica y lumbar (véase la figura 1.13).

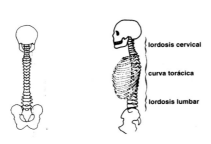

lordosis cervical

curva torácica

lordosis lumbar

Figura 1.13

Si la columna no está equilibrada de derecha a izquierda o si las curvas naturales que van de delante a atrás están notablemente aumentadas o disminuidas, el resultado es la sobrecarga y el desgaste de la columna. Esto aumentará la actividad eléctrica en los circuitos del dolor (véase la figura 1.14).

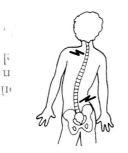
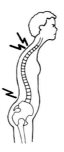
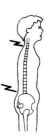

Figura 1.14

Al equilibrar la alineación de tu columna y los patrones de movimiento no sólo mejorará tu eficiencia y apariencia, sino que también disminuirá tu dolor. En general, alcanzar tal equilibrio lleva consigo los siguientes hechos:

- Exhibir una postura mejor durante tus actividades diarias, especialmente durante aquellas actividades o posiciones que tiendan a agravar tus síntomas dolorosos (véanse los capítulos 4 y 5).
- Evitar realizar ejercicios o actividades cotidianas de una manera que añada tensión negativa a tu sistema. Cuando la alineación de tu columna es incorrecta, aplastas las articulaciones, te fuerzas, y/o contienes la respiración, te estás produciendo dolor, no beneficio (véanse los capítulos 4 y 5).
- Hacer ejercicio de una manera en la que te muevas y te relajes en un estado más equilibrado. Generalmente esto incluirá métodos de descompresión, estiramiento, tonificación y relajación (véase el capítulo 5).

TUS SISTEMAS ELÉCTRICO Y ESTRUCTURAL: CONCEPTOS CLAVE

En este capítulo aparecen varios conceptos importantes. Como tales conceptos conciernen también al resto del libro, probablemente quieras revisarlos antes de seguir leyendo:

Sistema eléctrico: forma simple de considerar tu sistema nervioso. El sistema eléctrico comprende el cerebro, la médula espinal y todos los nervios del cuerpo, incluyendo los circuitos de bienestar y de dolor. Las funciones del sistema eléctrico incluyen respirar, pensar y sentir.

Circuitos de dolor: circuitos eléctricos que transportan mensajes dolorosos por el cuerpo. Estos circuitos pueden ser activados por pensamientos y patrones respiratorios negativos, por mecánica corporal y postura incorrectas y por exceso o falta de actividad.

Circuitos de bienestar: circuitos eléctricos que transportan mensajes de bienestar por el cuerpo. Estos circuitos pueden ser activados por pensamientos y patrones respiratorios positivos, mecánica corporal y postura adecuada, uso de «apósitos» para aliviar el dolor y por ciclos equilibrados de actividad y descanso.

Sistema estructural: forma simple de considerar tu sistema musculoesquelético. El sistema estructural comprende el esqueleto, músculos, tendones, ligamentos, etc. Las funciones que controla el sistema estructural son: postura y movimiento corporal durante la actividad, descanso y ejercicio.

Equilibrio estructural: hace referencia a la postura correcta y simétrica que tiene en equilibrio su alineación, fuerza, flexibilidad y resistencia. Si existe equilibrio tanto en el plano anteroposterior como en el plano frontal, la estructura requiere un uso mínimo de la energía muscular para mantenerse.

Desequilibrio estructural: hace referencia a una postura incorrecta y asimétrica que exhibe desequilibrios en su alineación, fuerza, flexibilidad y resistencia. La estructura desequilibrada requiere demasiada tensión muscular para mantenerse y sufre mucho desgaste.

Compresión: describe la presión de la gravedad sobre el sistema estructural del cuerpo. Las fuerzas de la gravedad se ven aumentadas por posturas incorrectas y/o tensión muscular, aspectos que, a su vez, se ven agravados por el frío, dolor, ira, miedo o depresión. Con el paso del tiempo, estos niveles de compresión tan altos provocan desgaste en el sistema estructural, haciéndolo más vulnerable al dolor y a la lesión.

Descompresión: describe la reducción de la presión sobre el sistema estructural del cuerpo. La compresión se ve reducida gracias a una postura correcta y a la relajación muscular. Cuando el dolor ha aumentado por haber estado demasiado tiempo de pie y esforzándose demasiado, se consigue descomprimir la columna y aliviar el dolor con el uso de posiciones de tumbado que provocan relajación (véase el capítulo 3).

Contracción: la actividad muscular genera una tensión llamada contracción. Durante el descanso y la mayoría de posiciones estacionarias sólo deberían darse contracciones relajadas y de poca intensidad con el fin de mantener el cuerpo equilibrado y firme.

Tensión muscular: describe la actividad muscular que origina dolor por compresión o inflamación. Esto puede resultar agravado por posturas incorrectas, fatiga y/o pensamientos y emociones negativas.

Tono muscular: describe la actividad muscular normal en un sistema eléctrico y estructural equilibrado durante la actividad y el descanso.

Capítulo 2

Alivio rápido del dolor

En este capítulo se describen los métodos de autotratamiento para aquellos momentos en los que se desea aliviar el dolor de forma inmediata. Dondequiera que estés, ya sea en casa, en el trabajo o de camino, puedes usar unos métodos de tratamiento seguros y sencillos para conseguir un alivio rápido del dolor. Obtener cierto control activo sobre el dolor representa un paso importante en la dirección correcta. A medida que vas siendo más capaz de reducir tu dolor, también lo vas siendo de mejorar tu funcionamiento en general.

Aliviar tu dolor desde la perspectiva de «algo necesario» no sólo te proporciona alivio cuando más lo necesitas, sino que además representa el inicio de la recuperación de tus desequilibrios eléctricos y estructurales, lo cual te ayudará a lograr una mejora más duradera del dolor. A continuación se explicarán con detalle los siguientes métodos para buscar un «alivio rápido del dolor»:

- buscar posiciones y movimientos que calman el dolor,
- respirar e imaginar el alivio del dolor,
- usar «apósitos» para aliviar el dolor.

BUSCAR POSICIONES Y MOVIMIENTOS
QUE CALMAN EL DOLOR

Probablemente habrás notado que ciertas posiciones y movimientos tienden a aumentar la presión, sobrecarga y tensión y que, por lo tanto, incrementan tu dolor. De forma parecida, ciertas posiciones y movimientos pueden «descargar» tu sistema estructural y «calmar» la actividad eléctrica en la zona dolorida, dando como resultado alivio y bienestar. Es importante que tomes conciencia de las posiciones y movimientos que agravan tu dolor y también de aquellos que reducen la tensión e irritación.

Este apartado te mostrará ejemplos de posiciones y movimientos comunes que proporcionan alivio y que se prescriben a individuos con dolor de columna. Las posiciones que a ti te van mejor pueden diferir de las que aparecen ilustradas aquí o de las que les van bien a otras personas. Si pruebas las diversas posiciones y valoras sus resultados, podrás determinar cuáles son las que te alivian más el dolor. Una posición de alivio efectiva debería mejorar tu dolor en un plazo de tiempo inferior a 20 minutos.

Si tienes dolor en un brazo o en una pierna y te viene de la columna, recuerda lo siguiente:

Signos buenos:
- reducción del dolor en el cuello/espalda,
- reducción del dolor en el brazo/pierna,
- reducción del dolor en el brazo/pierna acompañado por un pequeño aumento del dolor en el cuello/espalda.

Signos malos:
- incremento del dolor en el cuello/espalda,
- incremento del dolor en el brazo/pierna,
- disminución del dolor en el brazo/pierna acompañado de mayor insensibilidad.

Cualquiera de los signos malos puede indicar que estás usando una posición de alivio inadecuada, que has mantenido la posición durante demasiado tiempo o que la posición es demasiado extrema. Ajusta la posición o abandónala y trata de hallar otra posición o movimiento que alivie tus síntomas.

Si alguna de las siguientes posiciones de alivio agrava tu dolor, especialmente el del brazo o el de la pierna, interrúmpela hasta que te haya visto un fisioterapeuta.

Dolor en la zona lumbar de la espalda agravado por posiciones o actividades que tienden a comprimir/curvar la zona lumbar

Esto suele suceder durante o después de estar largo rato sentado, inclinado hacia adelante o cargando objetos que hacen que te hundas y adoptes un patrón curvado y decaído (véase la figura 2.1).

Figura 2.1

Posiciones y movimientos que calman el dolor

Estas posiciones y movimientos estiran y descomprimen la columna estructuralmente. Ayudarán a tu cuerpo a contrarrestar alguno de los efectos que la gravedad tiene sobre tu postura causantes de compresión, acortamiento y curvatura.

POSICIÓN DE DESCANSO TUMBADO BOCA ARRIBA EN EXTENSIÓN (véase la figura 2.2): túmbate de espaldas con las piernas estiradas o apoyadas sobre unos cuantos cojines o sobre un taburete bajo o reposapiés. Coloca una toalla doblada debajo de la parte alta, media o baja de la espalda para que el arco de la misma quede apoyado y para ayudar a que se estire la columna. Si en esta posición colocas los brazos por encima de tu cabeza o a los lados, estirarás suavemente y descomprimirás tu columna y cavidad torácica. Si los brazos te quedan tirantes, empieza apoyándolos cómodamente sobre almohadas.

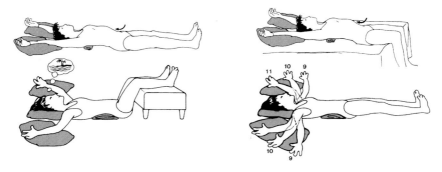

Figura 2.2

TUMBADO BOCA ABAJO (véase la figura 2.3): ponte un cojín delgado debajo de la parte alta del pecho para que tu cabeza/cuello puedan apoyarse cómodamente sobre tus manos o quedar girados de medio lado sin tensión. Si notas que en esta posición aumenta la presión en la zona lumbar de tu espalda, colócate otro cojín debajo de la parte baja del abdomen; esto, al principio, te resultará más cómodo, especialmente si no estás acostumbrado a tumbarte boca abajo.

Figura 2.3

TUMBADO BOCA ABAJO SOBRE LOS CODOS [POSICIÓN DE LA ESFINGE] (véase la figura 2.4): en esta posición traslada suavemente el peso de un hombro a otro; deja que tu espalda se relaje y afloje. Si esta posición es incómoda para tus hombros, ponte debajo del pecho algunos cojines no demasiado blandos para aliviar la presión. Relájate en esta posición durante el tiempo en que te sientas cómodo. Si encuentras que esto te va bien, toma la costumbre de usarla por las noches como una alternativa temporal a estar sentado.

Figura 2.4

Figura 2.5

FLEXIONES (véase la figura 2.5): véase también la página 167.

DE PIE INCLINADO HACIA ATRÁS (véase la figura 2.6): ¡este movimiento debería ser tu primera línea de defensa cuando te pones de pie después de haber estado sentado durante mucho rato! Es especialmente importante si tienes dificultad y/o dolor cuando tratas de levantarte después de haber estado sentado algún tiempo. Coloca las manos sobre la zona lumbar de la espalda y las nalgas: despacio y con suavidad te inclinas hacia atrás con las piernas estiradas; no dejes que la cabeza se incline también hacia atrás. Párate cuando sientas un nivel de presión soportable en el centro de la espalda o en la zona lumbar. Mantén la posición entre 2 y 5 segundos y haz una respiración calmante. Repítelo 2 o 3 veces.

Figura 2.6

ESTIRAMIENTO HACIA ARRIBA Y HACIA ATRÁS AL ESTAR SENTADO (véase la figura 2.7): cuando no quieres o no puedes levantarte, reclínate y estírate en el asiento (véase la página 72).

ESTIRAMIENTO CON BARRA ARRIBA/INCLINACIÓN POSTERIOR (véase la figura 2.8): véanse las páginas 176-178.

Figura 2.7   Figura 2.8

CAMINAR (véase la figura 2.9): a menudo, caminar es la mejor forma de calmar el dolor en la zona lumbar y/o el dolor en la pierna como consecuencia de haber permanecido sentado largo rato o de haberse inclinado demasiado hacia adelante. Véanse las recomendaciones del apartado «Cómo caminar» del capítulo 3 para mejorar la forma.

POSICIÓN DE REPOSO SOBRE LA MESA DE TRABAJO (véase la figura 2.10): este método está indicado especialmente para cuando tus síntomas son el resultado de haber permanecido sentado largo rato delante de una mesa o despacho y no puedes o no quieres levantarte. Empieza por apartar la silla de la mesa, luego arqueas suavemente la zona lumbar despegando los glúteos del asiento. Si es posible, separa las piernas manteniendo las rodillas dobladas. Apoya los brazos y la cabeza sobre la mesa, dejando que la columna se estire (afloje) hacia adelante y relájate durante un minuto aproximadamente.

Véase «Movimientos correctos en sedestación» (páginas 70-82) para movimientos que inducen un alivio rápido del dolor en la zona lumbar causado por la sedestación prolongada.

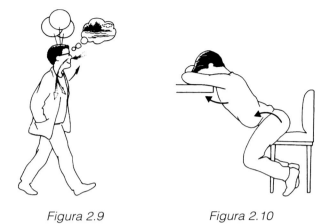

Figura 2.9   Figura 2.10

Dolor lumbar unilateral o dolor en la pierna agravado por actividades que tienden a «curvar»/comprimir la zona lumbar

Cualquiera de los métodos anteriores puede aliviarte en este caso, pero posiblemente resultara más efectivo añadir a dichas posiciones algunos movimientos laterales o rotatorios. Generalmente se siente uno aliviado al alejar la parte superior e inferior del cuerpo del lado que duele. Sin embargo, algunas veces funciona mejor estirarse hacia el lado dolorido.

Posiciones y movimientos que calman el dolor

TUMBADO DE MEDIO LADO CON UNA TOALLA ENRO-LLADA (véase la figura 2.11): túmbate de medio lado dejando arriba el lado que te duele. Ponte debajo y justo en el hueco que queda entre la pelvis y las costillas una toalla pequeña y enrollada. Estira el brazo de arriba por encima de la cabeza. Debes notar que estás alargando la zona que hay entre el pecho y la pelvis del lado de arriba.

Figura 2.11

ROTACIÓN DE LA COLUMNA HACIA AMBOS LADOS (véase la figura 2.12): túmbate de espaldas y mueve las rodillas hacia ambos lados. Puedes poner cojines a los lados de las rodillas para que éstas se apoyen mejor. Si notas que te alivia girarlas hacia un lado en particular, relájate en esa posición durante unos minutos hasta que empiecen a disminuir los síntomas (véanse las páginas 163-164).

Figura 2.12

INCLINACIÓN LATERAL EN BIPEDESTACIÓN [de pie] (véase la figura 2.13): normalmente resulta muy efectivo descargar y estirar el lado que duele. Podrás reducir la compresión en el lado afectado si levantas el brazo por encima de la cabeza y te inclinas en sentido opuesto (sin inclinarte hacia adelante). Si te coges a una barra alta, se reducirá todavía más la compresión.

TUMBADO BOCA ABAJO CON INCLINACIÓN LATERAL (véase la figura 2.14): esta posición es la misma que la de la figura 2.4, excepto por el hecho de que ahora estás colocado de manera que uno de los lados (derecho o izquierdo) está ligeramente alargado mientras que el opuesto está acortado.

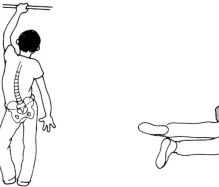

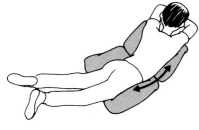

Figura 2.13   *Figura 2.14*

Dolor lumbar agravado por posiciones o actividades que tienden a arquear excesivamente la zona lumbar

Esto suele ocurrir al realizar actividades que implican estar de pie, caminar (especialmente si se llevan botas o zapatos de tacón), coger cosas por encima del nivel de la cabeza o permanecer tumbado recto boca arriba o boca abajo mucho rato o muy frecuentemente. Estas posiciones son inadecuadas porque tienden a aumentar el arco lumbar (véase la figura 2.15).

Figura 2.15

Posiciones y movimientos que calman el dolor

Estas posiciones y movimientos sirven para relajar la zona lumbar y permitir que dicha zona se incline de nuevo hacia adelante después de haber permanecido largo rato relativamente arqueada (inclinación posterior).

RODILLAS AL PECHO (véase la figura 2.16): véanse las páginas 165-166.

TUMBADO BOCA ABAJO EN FLEXIÓN (véase la figura 2.17): esta posición es especialmente útil cuando quieres quitar presión directa de tu espalda. Coloca una almohada debajo del abdomen para que puedas notar un suave y cómodo allanamiento de la zona lumbar. Si notas tensión en el cuello, podrás aliviarla colocándo debajo de la parte alta del pecho otra almohada plana. Todavía te sentirás más cómodo si colocas una almohada más debajo de las espinillas y los pies. Se logra una relajación similar arrodillándose y apoyando la parte superior del cuerpo sobre la cama.

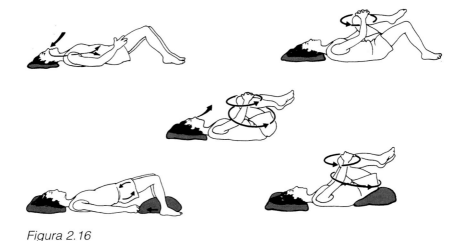

Figura 2.16

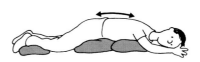

Figura 2.17

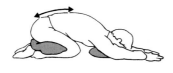

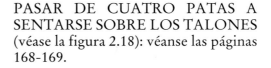

Figura 2.18

PASAR DE CUATRO PATAS A SENTARSE SOBRE LOS TALONES

(véase la figura 2.18): véanse las páginas 168-169.

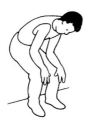

Figura 2.19

DESCOMPRESIÓN AGACHADO

(véase la figura 2.19): te irá bien cuando quieras sentarte o descansar los pies y no puedes. Apóyate contra una pared, separa los pies entre sí y también de la pared la distancia de un pie. Agáchate con la precaución de doblar caderas y rodillas de manera que los glúteos sean la parte del cuerpo más retrasada. (Éstos deben quedar apoyados contra la pared.) Pon las manos sobre los muslos y apóyate en ellas. Si te empujas con los brazos podrás relajar los músculos de la espalda y minimizar la compresión. Alinea tu columna de la manera que mejor te vaya, ya sea ligeramente arqueada o redondeada; simplemente debes asegurarte de que son tus brazos los que soportan el peso y no tu columna.

DESCANSAR SOBRE LA MESA (véase la figura 2.20): esto se puede hacer sobre mostradores, repisas de ventanas o fregaderos.

ESTIRAMIENTO CON BARRA ARRIBA/INCLINACIÓN ANTERIOR (véase la figura 2.21): véanse las páginas 176-178.

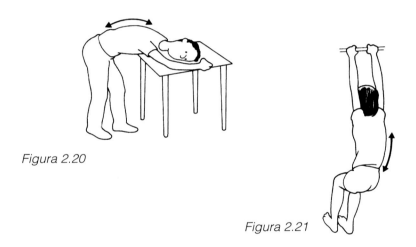

Figura 2.20

Figura 2.21

Dolor lumbar unilateral o dolor en la pierna agravado por actividades que arquean excesivamente la zona lumbar

Puedes probar cualquiera de los métodos descritos arriba, pero, si añades a estas posiciones algunos movimientos laterales o rotatorios, hallarás un alivio más eficaz del dolor. Recuerda: mover la parte superior e inferior del cuerpo en sentido contrario al lado que duele suele aliviar, pero a veces da mejores resultados estirarse hacia el mismo lado del dolor (véase la figura 2.22).

Figura 2.22

Dolor en el cuello/brazo de origen cervical

Las siguientes posiciones/movimientos/situaciones tienden a agravar el dolor en el cuello y/o brazo que tiene un origen cervical.

1. **Mantener el cuello durante mucho rato con una mala alineación**

   - *Hacia adelante y hacia abajo* (véase la figura 2.23):

     hacer fotocopias,
     escribir a máquina o sobre papel, leer,
     comer.

Figura 2.23

   - *Hacia adelante y arqueado hacia atrás* (véase la figura 2.24):

     maquillarse/afeitarse,
     conducir/mala visibilidad,
     usar gafas bifocales,
     pantalla del ordenador demasiado alta,
     ir en bicicleta.

Figura 2.24

- *Caído hacia adelante y girado hacia un lado* (véase la figura 2.25):

  mirar por la ventana en un medio de transporte,
  pantalla del ordenador desplazada hacia un lado,
  hablar con alguien que está sentado a tu lado,
  rastrillar/barrer.

Figura 2.25

- *Arqueado hacia atrás y girado* (véase la figura 2.26):

  tumbado boca abajo sin almohada en el abdomen,
  sujetar el teléfono entre el hombro y la oreja.

Figura 2.26

2. Movimientos que provocan sobrecarga

- *Girarse con la cabeza hacia adelante y la barbilla afuera* (véase la figura 2.27):

  conducir marcha atrás,
  nadar - girarse para coger aire,
  jugar al tenis.

Figura 2.27

- *Estornudar* (véase la figura 2.28)
- *Inclinar la cabeza hacia atrás* (véase la figura 2.29):

  beber de una botella,
  mirar hacia arriba mientras se pinta, limpia, tiende, etc.,
  levantar objetos pesados.

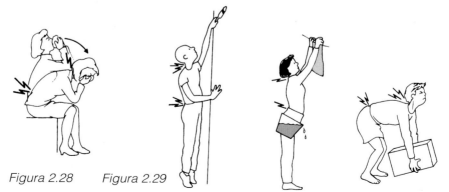

Figura 2.28   *Figura 2.29*

3. Situaciones estresantes

- *Frío/corrientes de aire* (véase la figura 2.30):

  dormir con corriente de aire,
  invierno/frío y humedad,
  nadar/agua fría.

- *Presión horaria* (véase la figura 2.31):

  trabajar en la oficina,
  ir de un sitio a otro,

- *Ira/ansiedad/depresión* (véase la figura 2.32).

Figura 2.30

Figura 2.31

Figura 2.32

Posiciones y movimientos que calman el dolor

ESTIRAMIENTO Y DESCOMPRESIÓN CERVICAL: este movimiento es uno de los más importantes que debes aprender para poder aliviar tu dolor de cabeza, cuello y/o brazo. Ayuda a equilibrar la cabeza sobre el cuello y el cuello sobre la parte superior del cuerpo. Está especialmente recomendado durante y después de realizar actividades que hacen que tu cabeza y tu cuello se vayan hacia adelante para inclinar luego la cabeza y la parte alta del cuello hacia atrás.

Se puede utilizar para buscar alivio en todas las posiciones, es decir, de pie, sentado y tumbado.

a) De pie: desliza hacia atrás la cabeza sobre el pecho. Mantén la mirada al frente y la cabeza en el centro (no mires ni hacia arriba ni hacia abajo, puesto que esto arquearía tu cuello hacia atrás o lo inclinaría hacia adelante). Trata de empujar tu barbilla suavemente hacia adentro hasta donde te sea posible sin tensar los hombros hacia arriba ni la parte anterior del cuello o garganta. Conserva esta exagerada posición mientras relajas conscientemente la respiración y la musculatura (véase la figura 2.33). Descansa en esta posición mientras te resulte cómoda. Para obtener un mejor apoyo y relajación puedes ayudarte con las manos. Repite este movimiento 3-5 veces.

Figura 2.33

Mientras respiras, imagina que tu cabeza está suspendida en el aire y que los espacios que hay entre vértebra y vértebra están llenos de aire: siente cómo esto hace disminuir la presión sobre los nervios del dolor. ¡Comprueba que tus músculos siguen relajados! (véase la figura 2.34). Si empujas el cuello con demasiada fuerza, probablemente te causarás más dolor. El movimiento de llevar la cabeza hacia atrás y hacia adentro debe ser pequeño y suave.

b) De pie contra una pared (véase la figura 2.35): apóyate de pie contra una pared con los pies separados de la misma a la distancia de un pie. Empuja la cabeza hacia atrás con la barbilla metida hacia adentro para que el cuello se aplane contra la pared. Mantén los músculos del cuello relajados. Hacer este ejercicio te llevará entre 20 segundos y 1 minuto.

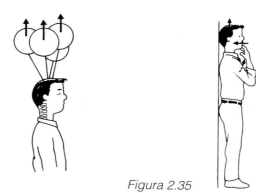

Figura 2.34

Figura 2.35

c) Tumbado boca arriba con una toalla doblada: asegúrate de que la toalla te ayuda a mantener la cabeza en el centro. Si es demasiado baja, tu cabeza y tu cuello se arquearán hacia atrás. Si es demasiado alta, tu cabeza quedará inclinada hacia adelante (véase la figura 2.36).

Cuando estés bien colocado, lleva las manos hacia atrás manteniendo la cabeza relajada sobre la toalla. Tira de la toalla de manera que tu cabeza y tu cuello se muevan con ella hacia una posición todavía más alargada y recta (véase la figura 2.37). Relájate durante un rato en esta posición y valora los resultados. Si además usas frío o calor, te sentirás aliviado con mayor rapidez.

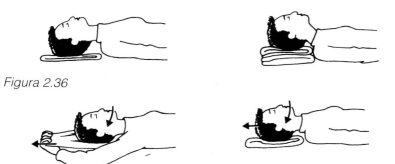

Figura 2.36

Figura 2.37

d) Sentado (véase la figura 2.38): véase basculación pélvica y elevación de cabeza/pecho en «Movimientos correctos en sedestación» (véanse las páginas 70-82). Si estás sentado en una silla con respaldo para la cabeza, trata de aplanar tu cuello contra el mismo. Empujándote con los brazos, eleva la pared torácica y despega del respaldo la zona lumbar de tu espalda al mismo tiempo que deslizas hacia atrás cabeza y cuello.

LIBERACIÓN CERVICAL (véase la figura 2.39): el objetivo de estos movimientos es relajar la tensión muscular acumulada y la rigidez de los tejidos (véanse las páginas 159-162.)

Figura 2.38

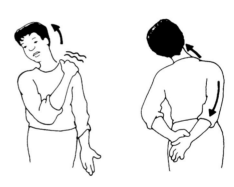

Figura 2.39

USO DE ALMOHADAS CON FORMA (véase la figura 2.40): diferentes modelos de éstas se encuentran a la venta en farmacias, grandes almacenes y tiendas especializadas. Están diseñadas para dar apoyo a la cabeza y el cuello con su alineación neutra y natural. La clave está en encontrar la que encaje con tus dimensiones y alineación. En algunos casos, las almohadas con forma son muy útiles, pero la única forma de saber si a ti también te van bien es probándolas. (Véanse las páginas 152-153 para más información específica sobre almohadas con forma.)

TUMBADO SOBRE PELOTAS DE TENIS (véase la figura 2.41): mete dos pelotas de tenis dentro de un calcetín estrecho y ata el extremo del calcetín para que las pelotas queden juntas. Póntelas en la base de la nuca justo por encima de tu cuello. Relájate en esta posición durante 5-15 minutos, realizando ocasionalmente respiraciones purificadoras (véase «Respiraciones calmantes»). Si tu nuca es muy sensible o está dolorida, pon una toalla sobre las pelotas para amortiguar su dureza.

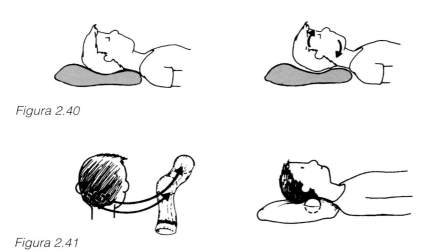

Figura 2.40

Figura 2.41

APOYAR LA CABEZA SOBRE LA MANO/MANOS O CONTRA LA PARED: en diversas posiciones, esto suele aliviar. Experimenta tú mismo para descubrir cuál de ellas te calma más el dolor. Generalmente, la posición más efectiva para el dolor unilateral consiste en inclinar la cabeza hacia adelante y girarla ligeramente en sentido contrario al lado dolorido (véase la figura 2.42 a). Si tienes dolor en la base del cráneo y/o la parte posterior de la cabeza, prueba metiendo la barbilla hacia adentro y bajando ligeramente la cabeza, y apoya la misma sobre tu mano (véase la figura 2.42 b).

Figura 2.42

a   b

Cuando estés realizando alguna de las posiciones y movimientos para calmar el dolor descritos en este capítulo, deberías observar al mismo tiempo los siguientes pasos para mejorar tu bienestar:

1. impón un **patrón respiratorio relajante,**
2. **visualiza la calma** (esto puede implicar simplemente imaginar gente, lugares, cosas o hechos que hacen que te sientas relajado, cómodo, feliz, etc.),
3. usa eventualmente algún **«remedio contra el dolor»**: frío, calor, automasaje, vibraciones, apoyos, etc. para que te ayuden a convertir las señales eléctricas en un patrón agradable.

RESPIRAR E IMAGINAR ALIVIO

La respiración es principalmente automática —no es necesario que pienses en ella—. Sin embargo, tu forma de respirar puede afectar notablemente a tu manera de sentirte, lo cual significa que cuando tengas dolor o estés preocupado te resultará beneficioso tener cierto control activo sobre tu forma de respirar.

Mediante el autocontrol puedes hacer que tu respiración sea más lenta y profunda, lo que reducirá de forma importante tus circuitos eléctricos de dolor. Los sentimientos de dolor o estrés provocan automáticamente un modelo de respiración rápida y superficial, el cual induce a un aumento de la tensión en los músculos de la garganta, pecho y espalda. Esto tiende a comprimir y juntar estructuras dolorosas —¡oh!

La gente suele adoptar un patrón respiratorio rápido y superficial cuando su cuerpo está en un «estado de alerta» contra el dolor o el estrés. Pero, en realidad, este estado de alerta te hace más sensible a las tensiones físicas y mentales de la vida, con lo cual cada vez te resulta más fácil activar tus circuitos de dolor. Pon «en guardia» a tu sistema eléctrico haciendo que éste envíe mensajes de dolor aun cuando el cuerpo no haya sufrido daño alguno. Si adoptas un ciclo respiratorio relajado (mientras te hallas en la posición de descanso que mejor te va), ayudarás a equilibrar la cantidad de actividad eléctrica de tu cuerpo y darás a los circuitos del dolor la oportunidad de «tranquilizarse».

*Estilos de respiración que se pueden adoptar durante
los períodos de mayor dolor o estrés*

Respiraciones purificadoras

Haz una inspiración larga y lenta por la nariz. Imagina que el aire viaja y se distribuye por todos los rincones de tu pecho, espalda y, especialmente, parte baja del abdomen, los cuales se hinchan. (No permitas que tu cuello, cara, hombros y pecho se tensen durante la aspiración.)

Realiza una pausa de 1 o 2 segundos mientras dejas que la actividad eléctrica de todo tu sistema se reúna y acumule. Ahora...

Expulsa el aire a través de la boca abierta y relajada. No frunzas los labios ni retengas aire dentro; deja que salga del todo con la fuerza o velocidad que tú creas más conveniente. Haz que se oiga y siéntete cómodo con ello. Piensa que estás expulsando de tu cuerpo el aire «malo», el cual representa la actividad eléctrica negativa de tu sistema. La parte baja del abdomen debe quedar plana de nuevo, favoreciendo la completa exhalación del aire.

Nota: los ciclos de inspiración-espiración deben ser delicados, naturales y equilibrados para que puedas estar cómodo y relajado y no falto de aire, con sensación de mareo o sólo concentrado en respirar en el momento apropiado. Piensa que las respiraciones purificadoras son como una forma controlada de suspiro positivo que puede disminuir el nivel de actividad en tus circuitos del dolor.

Respiraciones calmantes

Éstas son muy parecidas a la respiración normal o automática, pero el hecho de pensar en ellas las hace sutilmente diferentes. Si controlas conscientemente tu respiración durante algunos minutos, la mayoría de las respiraciones que realizarás serán «calmantes» con ocasionales respiraciones «purificadoras» intercaladas.

Técnica de la respiración calmante: inspira lentamente por la nariz, aunque no tan profundamente como durante la respiración purificadora. Espira por la nariz y/o boca al mismo tiempo que piensas en aflojarte, relajarte y dejar que se vayan el dolor, la tensión y los pensamientos negativos.

Respirar e imaginar bienestar

Para lograr una relajación y control del dolor efectivo, debes combinar el patrón respiratorio con pensamientos e imágenes mentales específicas durante aquellos períodos de mayor dolor o estrés. Puesto que tanto los pensamientos como la respiración pueden afectar profundamente a tu sistema eléctrico, también pueden influir de manera notable en tu manera de sentirte. Si construyes ciertas imágenes mentales podrás afectar directamente a la actividad eléctrica de tu sistema. Al imaginar/visualizar bienestar, placer y felicidad, se liberan unas sustancias químicas naturales que ayudan a bloquear los circuitos del dolor. Haz la prueba con diferentes imágenes. Encuentra aquellas que te ayuden a relajar y calmar los circuitos eléctricos del dolor.

Los siguientes ejemplos son imágenes comunes que han ayudado a diferentes personas a controlar su dolor:

- Mientras respiras, imagina una ola de mar que se mueve a cámara lenta: cuando inspiras, la ola crece, se hace grande; cuando espiras, la ola desciende y se rompe para mojar con agua fría tus circuitos del dolor, lo que hace que se enfríen y tranquilicen (véase la figura 2.43).

Figura 2.43

- Imagina que tu cuerpo o ciertas zonas con dolor están hechas de un tupido entramado de hilos. Imagina que tu estado actual de dolor se ve agravado por el hecho de que tu apretado entramado de hilos comprime y estrangula tus «cables del dolor». Mientras respiras, visualiza cómo el entramado de hilos se afloja y relaja un poco cada vez que expulsas el aire. Permítete seguir así —piensa en «liberar» cada vez que sueltas el aire— y visualiza cómo tu entramado de hilos, al irse aflojando, va disminuyendo la presión, el estrés y el dolor (véase la figura 2.44).

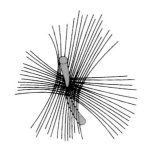 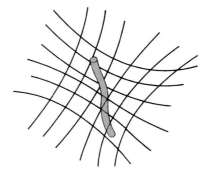

Figura 2.44

- Imagínate que estás en un lugar en el que te gustaría estar. Aparta tu mente de la zona o sensación dolorosa y bloquéala. Piensa que estás flotando en el lugar y ambiente que has elegido. Deja que tu respiración te mantenga ingrávido. Mientras inspiras, siente lo ligero que eres; mientras espiras, siente cómo se va la presión.
- Finge por un momento que te sientes cómodo, feliz y tranquilo. Imagina algo que te pudiera hacer sentir de esta manera. Permítete sonreír y estar radiante tanto física como emocionalmente, en apariencia y espíritu. Siente cómo unas cuantas respiraciones purificadoras despejan los circuitos y restablecen la sensación de comodidad y bienestar.
- Durante las épocas en las que te sientas más débil, vulnerable y cansado, imagina que estás dentro de un cubo transparente. En su interior puedes respirar, moverte, ver, oír —hacer todo lo que necesitas hacer—, pero el cubo impide la entrada de la energía negativa de otras personas o situaciones, de manera que no puede afectar a tu sistema. Esto te permitirá sentirte apto, relajado y menos vulnerable.

Repite una vez tras otra las imágenes y los pensamientos positivos mientras respiras y usa tanto las respiraciones purificadoras como las calmantes al tiempo que mantienes la posición de descanso que hayas elegido. Toma conciencia de las tensiones que puedas tener en cualquiera de las partes de tu cuerpo. Deja que tu cara refleje toda la comodidad y paz interna que sea posible. Al adoptar estos signos externos e internos de bienestar (cara y cuerpo positivos/relajados, respiración y pensamientos), estás enfrentando la realidad de tu dolor con una manera constructiva de afrontar estos momentos difíciles. A pesar de que el dolor se siente en la espalda o el cuello, se percibe en el cerebro. Si controlas tu respiración y tus pensamientos, podrás influir de manera notable en el modo en que tu cerebro percibe tus síntomas de dolor.

USAR «APÓSITOS» PARA ALIVIAR EL DOLOR

Los «apósitos» contra el dolor se utilizan conjuntamente con las posiciones relajantes, movimientos, respiración y visualización. Se pueden considerar como «algo extra» que aumenta la efectividad de las otras estrategias básicas para aliviar el dolor. Si tu dolor no se alivia simplemente cambiando las posiciones o reajustando tu postura, te beneficiará utilizar uno o varios de los siguientes «apósitos» contra el dolor:

- frío
- calor
- vibraciones
- automasaje
- corsés/fajas/collarines
- estimulación eléctrica

Frío

Desde la Antigüedad se recomienda el uso del frío para tratar el dolor agudo en los tejidos blandos y articulaciones. El frío «cierra» el suministro de sangre próximo a la superficie de la piel y de esta forma provoca una disminución de la inflamación/hinchazón local. El frío puede resultar una medida excelente para aliviar el dolor, puesto que insensibiliza literalmente las irritadas terminaciones nerviosas de la zona dolorida, con lo que disminuye la actividad de los circuitos del dolor. El frío está especialmente indicado cuando el dolor se concentra en un área específica sensible al tacto y/o hinchada y/o caliente.

El frío se debería usar durante las primeras 48 horas después de producirse una lesión en la que la piel no se rompe. Sin embargo, el frío, en realidad, puede resultar muy útil mucho tiempo después de esta fase, especialmente cuando el dolor empeora de nuevo por culpa de una actividad excesiva.

Si notas que el frío te va bien, aplícatelo con constancia siempre que te halles en una posición de descanso tumbado boca abajo, boca arriba o de medio lado.

Precauciones

Algunas personas reaccionan al frío (incluso en forma de bolsa de hielo aplicada sobre la zona específica) con tensión muscular. Si esta reacción negativa se mantiene durante un tiempo, el dolor puede agravarse. Escucha a tu cuerpo. Si notas que el frío no te ayuda o que, de hecho, está irritándote, no lo uses.

Si tienes problemas de circulación, de corazón, pulmonares, falta de sensibilidad o heridas abiertas, consulta con tu médico o fisioterapeuta antes de usar el frío.

Si notas que la zona en tratamiento da la sensación de calor o empieza a escocer, quita el frío: ¡si no lo haces, podrías congelarte!

Si eres sensible al frío, evita las duchas de agua fría, las corrientes de aire frío y nadar en agua fría. Frecuentemente el frío puede tener un efecto irritante y, como consecuencia, aumentar la tensión muscular, favorecer la mala postura y activar los circuitos del dolor.

Métodos

- Bolsas de gel frío (*Cold-pack*)/ bolsas de hielo: las puedes adquirir en grandes almacenes y de la medida que desees. Elige las que sean blandas y flexibles y guárdalas en el congelador hasta el momento de usarlas. Estas bolsas se mantienen frías durante 20-25 minutos. Si al principio las encuentras incómodas, puedes reducir la intensidad del frío cubriendo la bolsa de hielo con una toalla humedecida con agua caliente. Esto te dará un pequeño margen de tiempo para acostumbrarte a la temperatura antes de que se enfríe.

  Cúbrete el cuerpo para no coger frío y adopta una posición cómoda. Imagina que la bolsa de hielo enfría tus irritados circuitos del dolor.
- Masaje local con hielo: resulta muy efectivo en pequeñas zonas de espasmo muscular o en el dolor referido a brazos y piernas. Sujeta un cubito de hielo con un guante de goma o con un paño para no congelarte los dedos. Frota el cubito dibujando pequeños círculos sobre el área dolorida o sobre los diversos puntos gatillo ilustrados en la figura 2.45 hasta que el punto sometido a tratamiento empiece a volverse insensible, caliente y punzante. Esto suele ocurrir al cabo de entre 3 a 5 minutos, dependiendo del tamaño de la zona. Cuando llegues a esta sensación, retira el hielo y calienta la superficie con una toalla.

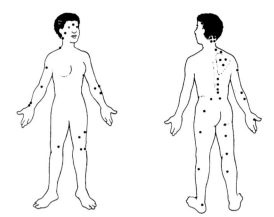

Figura 2.45

Calor

El calor suave y moderado tiende a estimular los circuitos del bienestar y la relajación y, en efecto, disminuye el «volumen» de los circuitos del dolor. El calor también ayuda a aliviar el espasmo muscular, la tensión o la rigidez, lo cual hace que estés más flexible y relajado. En general, el calor te ayudará cuando te sientas frío, tenso o ansioso.

Precauciones

Cuando la zona dolorida está más caliente e inflamada de lo habitual, aplicar sobre ella calor puede agravar la situación, puesto que aumenta el flujo sanguíneo en los tejidos superficiales.

Es importante aislar adecuadamente (con toallas) la piel frente a la fuente de calor para evitar el calentamiento excesivo o la quemadura. Si en la zona afectada que hay que tratar tienes la sensibilidad disminuida, lo mejor es que evites completamente el uso del calor.

Túmbate en una posición cómoda, bien apoyado y con una buena alineación de la columna. El calor hace que el cuerpo se relaje, de tal modo que, si no estás apoyado, hará que te derrumbes.

Si te sientes cansado, débil, caliente o deprimido, el calor no te proporcionará el tipo de ayuda que necesitas. Escucha a tu cuerpo y a tu estado de ánimo para poder decidir si el calor te será útil y cuándo lo será.

Métodos

- Esterillas eléctricas: se pueden amoldar a la zona dolorida y constituyen un rápido y fácil método de aplicación de calor. Algunos modelos producen un calor húmedo que penetra hasta tejidos más profundos. Otros tienen un interruptor de seguridad que cierra el suministro eléctrico si te quedas dormido o si te dejas encendida la esterilla.
- Bolsas de gel caliente (*Hydrocollator packs*): son unas bolsas de lona rellenas de una sustancia gelatinosa que se calientan en agua (70° C) y mantienen el calor durante unos 30 minutos. Ponte una toalla doblada entre la piel y la bolsa para evitar la quemadura.
- Bolsas para microondas: de estas bolsas rellenas de gel existen modelos para la zona lumbar y para el cuello. Simplemente debes colocar la bolsa en el microondas durante el tiempo indicado para que se caliente a la temperatura adecuada.
- Baños calientes, baños de hidromasaje, saunas, baños de vapor: todos estos métodos provocan una relajación de todo el cuerpo que ayuda a disminuir el espasmo muscular y los síntomas de dolor.

PRECAUCIÓN: si tienes problemas cardíacos, circulatorios o pulmonares, consulta con tu médico o fisioterapeuta antes de usar estos métodos de frío o calor.

Vibraciones/duchas de masaje/baños de hidromasaje con chorros de presión

Cuando se envían al cuerpo señales vibratorias indoloras, los circuitos del dolor se equilibran y, con suerte, se anulan. La vibración mejora la circulación y favorece mucho la relajación muscular.

Usa la vibración cuando notes que el masaje o el tacto suave disminuye tu nivel de incomodidad. Por otro lado, si hay zonas doloridas que todavía se irritan más al tacto o a la presión suave, podrás ir disminuyendo su sensibilidad con el uso gradual de las vibraciones.

Usa también la vibración cuando sientas zonas de tu cuerpo muy tensas, rígidas y que necesitan relajarse y aflojarse.

Métodos

Cuando notas que la vibración es agradable y que alivia tu malestar, es que estás aplicándola bien. Si la notas demasiado intensa y que, de hecho, te irrita más, trata de aislarla con toallas o con tu mano o aléjala un poco de la zona afectada hasta que ya no la sientas irritante. Después de un rato, probablemente verás que puedes aumentar gradualmente la vibración sin sentir tanta irritación como antes. Cuando puedas aplicar sobre la zona más presión sin sentir la sensación desagradable del principio, es que ya has progresado. En esencia, le has enseñado a tu sistema eléctrico que la vibración suave puede ser buena. Sigue así —ve aumentando gradualmente la intensidad de la estimulación a medida que la zona se vaya haciendo menos sensible—. Combina el uso de la vibración con los estiramientos suaves, respiración calmante y visualización positiva.

- Duchas de masaje: se pueden dirigir sobre zonas tensas, rígidas y/o sensibles.
- Vibraciones mantenidas con la mano: se pueden realizar en la espalda, cuello, brazos o piernas mientras la persona que las recibe descansa en una posición cómoda. Aplica la vibración sobre los puntos gatillo ilustrados en la figura 2.45.
- Baños de hidromasaje con chorros de presión: se pueden dirigir a zonas hipersensibles. Aléjate del chorro lo suficiente como para que la estimulación que recibas resulte agradable. Deja que durante 1-2 minutos el chorro de agua estimule la planta de tus pies, desde el dedo gordo hasta el talón. Si al principio lo notas demasiado intenso, separa el pie hasta que puedas soportarlo y sigue hasta que puedas tolerar toda la fuerza de la vibración sobre la planta entera del pie. Al mismo tiempo que la vibración estimula la planta del dedo gordo, imagina que tu cuello se relaja. Cuando la vibración estimula el arco plantar y el talón, imagina que lo que se está relajando es tu zona lumbar, ¡oooh!

Automasaje

Siempre que utilices la presión de tus dedos, pelotas de tenis u otros aparatos de automasaje, no debes tener sensación de incomodidad. Estás buscando una sensación que quizá no sea del todo placentera, pero que te haga decir: «Esto no me va mal» o, mejor todavía, «Esto me va bien, es útil, ¡es lo que necesito!». Perfecciona tus técnicas hasta que logres esta sensación.

Con el automasaje puedes crear diferentes formas de presión que te ayudarán a aflojar y ablandar los tejidos y a crear una respuesta de relajación.

Métodos

RUTINAS CERVICALES:

• Empuja y tira con los dedos de una mano los tejidos blandos de la parte posterior del cuello. Mientras tiras, gira lentamente la cabeza hacia el brazo que está tirando. Luego, comprime y amasa suavemente los tejidos. Cuando empujes, gira la cabeza en sentido contrario al brazo que está empujando (véase la figura 2.46).

Figura 2.46

• Aprieta y amasa con una mano la parte superior de tus hombros; apoya el codo del brazo que está aplicando el masaje sobre la mano contraria. Si quieres utilizar las dos manos, siéntate inclinado hacia adelante con la espalda recta y los codos apoyados sobre las rodillas (véase la figura 2.47).
• Inclina ligeramente la cabeza hacia atrás y coloca una o las dos manos debajo de la nuca; hazte un masaje en el cuello juntando los dedos y/o llevándolos hacia abajo mientras inclinas la cabeza hacia adelante y/o hacia los lados (véase la figura 2.48).
• Encuentra en el cuello y en los hombros las zonas de tejidos blandos sensibles y rígidas; con uno o dos dedos aplica presión sobre ellas de una manera rítmica: en el mismo sentido o en sentido contrario a las agujas del reloj. No presiones tan fuerte como para tener una sensación desagradable y, por culpa de ello, tensarte. Imagina que la presión está haciendo que se liberen unas sustancias químicas que pueden bloquear el dolor. ¡Mantén una respiración relajada!

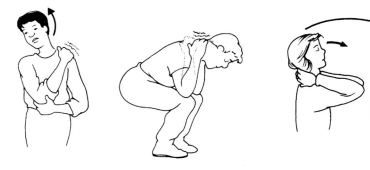

Figura 2.47   *Figura 2.48*

RUTINAS LUMBARES:

- Mientras te inclinas ligeramente hacia atrás, agarra entre el pulgar y los dedos de cada mano los tejidos blandos de los lados de la zona lumbar y glúteos, y masajéalos con un movimiento circular (véase la figura 2.49).

  - Mientras estás sentado o tumbado de lado, comprime y masajea las zonas tensas, sensibles o rígidas de las piernas.

  Obtendrás mejores resultados si combinas tus estrategias para paliar el malestar. Por ejemplo, mientras practicas el automasaje pregúntate: «¿Estoy respirando?», «¿cómo estoy respirando?», «¿estoy pensando en dolor o estoy pensando en bienestar?», «¿estoy cómodo y bien apoyado o estoy en una posición incómoda haciendo esfuerzos para aguantarme?». Adopta una posición mejor, respira con calma, masajéate con suavidad, piensa en algo positivo y ponte cómodo.

Figura 2.49

Corsés/fajas/collarines

Estos remedios ayudan a estabilizar la zona dolorida «envolviéndola» y limitando su movilidad. Son muy útiles a la hora de proporcionar alivio durante períodos de tiempo cortos, especialmente cuando estás recuperándote de una recaída y tienes alguno de los siguientes síntomas:

1. cansancio, inestabilidad, incapacidad para mantener una postura equilibrada y erguida;
2. temor a que el más ligero movimiento desencadene tu dolor (frecuentemente agudo y punzante);
3. incapacidad de «permanecer estable» durante más tiempo del necesario para seguir funcionando.

Llevar alguno de estos soportes durante períodos de tiempo cortos te ayudará a estar activo en los momentos que tú elijas y necesites conservando al mismo tiempo una sensación relativa de comodidad y control.

Precauciones

Estos soportes pueden agravar la situación si presionan directamente las zonas sensibles o si te impiden moverte y respirar.

Asimismo, llevar el soporte demasiado a menudo o durante demasiado tiempo puede «desprogramar» tu sistema postural o equilibrador; si abusas de ellos, tu cuerpo puede llegar a «olvidar» cómo mantenerse erguido y estable de forma eficiente. Es como si los músculos supieran que han sido sustituidos por alguien que hace su trabajo y deciden hacer huelga. Si esto sucede, probablemente tu dolor aumentará cuando te quites el soporte.

Llevar un soporte no debe sustituir al reposo en una posición de descarga. Si has llegado a tu límite, el reposo debe estar por delante del uso del soporte.

Métodos

- Encontrar el soporte adecuado no tiene ningún secreto: es cuestión de consultar con tu médico o fisioterapeuta y de ir probando. Cuando halles el que se adecua a tu problema y se adapta a tu figura, al ponértelo deberás notar un alivio inmediato, puesto que te suavizará las tensiones y permitirá que te relajes.
- Para prevenir que a tu sistema postural y equilibrador se le «olvide» cómo debe mantener el cuerpo erguido, simplemente tendrás que usar tus músculos dentro de la faja o collarín. Por ejemplo, si

Figura 2.50

llevas una faja abdominal para disminuir la presión en la zona lumbar, no te relajes dentro del soporte, esperando que él te sujete. En vez de esto, siente cómo el soporte está intentando amoldarse a ti. Deja que tu cuerpo se coloque en función de cómo te sientes tú más alineado; tira suavemente de la parte baja de tu abdomen hacia arriba y hacia adentro, separándolo de la faja, mientras adoptas una forma de respirar relajada. Mírate a menudo en el espejo para reforzar tu imagen recta y relajada (véase la figura 2.50; véase «Isométrico de los abdominales inferiores», página 184).

- Si llevas un collarín blando para el cuello, asegúrate de que la posición que mantienes o que te obliga a mantener el collarín no es exagerada ni rígida (por ejemplo, con la cabeza adelantada o inclinada hacia atrás de manera que la barbilla sobresalga por delante). Tómate de vez en cuando un momento para estirar y descomprimir el cuello (véanse las páginas 46-48) y para moverlo en varias direcciones, manteniendo la barbilla metida cuando gires. Estos métodos, de hecho, le enseñarán a tu sistema postural y equilibrador a mantener el cuerpo erguido con menos energía.

- Evita llevar el corsé o collarín durante más de dos horas seguidas sin sacártelo para comprobar cómo te sientes: si te sientes más cómodo con él, póntelo de nuevo; si al quitártelo notas alivio, abandónalo. Si el corsé o collarín realmente te está beneficiando, debes sentirte mejor, ver mejor y moverte mejor. Si no te sirve para nada, deja de llevarlo. Es esencial que consultes a tu médico o fisioterapeuta cómo y cuándo llevar el soporte, que le comentes tus dudas y le cuentes los resultados. En última instancia, tú tienes la responsabilidad de determinar si el apoyo te sirve de algo o no y de decidir cómo y cuando lo vas a llevar.

Estimulación eléctrica

La Transcutaneous Electrical Stimulation (TENS) [estimulación eléctrica nerviosa transcutánea] significa, sencillamente, que estás enviando señales eléctricas a través de la piel a varios circuitos eléctricos conectados con el cerebro. La terapia con TENS se basa en la teoría de que se pueden bloquear los mensajes de dolor con diversos tipos de señales eléctricas suaves y agradables de manera que el dolor disminuye. El TENS actúa de forma muy parecida al modo en que actúan las diferentes formas de vibración, calor, frío y masaje para calmar el dolor.

Muchas personas atestiguan resultados positivos, pero probablemente existen otras tantas que manifiestan no obtener ningún resultado con el TENS. Algunas incluso manifiestan que la aplicación del TENS, de hecho, les ha provocado un aumento temporal del dolor. Un par de razones para explicar por qué algunas personas obtienen pocos o ningún resultado pueden ser porque no han recibido las instrucciones adecuadas sobre cómo usar el TENS o, sencillamente, porque no lo han ajustado correctamente. Describir con detalle la aplicación del TENS va más allá del objetivo de este libro. De todos modos, vamos a exponer algunos conceptos. Si estás interesado o tienes más dudas, habla con un fisioterapeuta.

Métodos

- El uso correcto del TENS requiere cierto interés e implicación activa por tu parte, puesto que debes aprender a ajustar el aparato y a colocar los electrodos. Tu fisioterapeuta puede darte una primera explicación, consejos y la oportunidad de probarlo, pero, en el fondo, es cosa tuya experimentar y descubrir los modos de colocación más efectivos para ti.
- Los electrodos son unas placas pequeñas autoadhesivas a través de los cuales se envía el estímulo. Normalmente hay entre dos y cuatro. Se suelen colocar sobre la zona con dolor, sobre todo si puedes poner el dedo sobre un punto doloroso bien diferenciado. Otros lugares donde colocar los electrodos incluyen puntos a lo largo de la columna donde se cree que se origina el dolor o puntos a lo largo de los brazos y piernas donde hay dolor relacionado con la columna o con los tejidos blandos.
- En general, hay como mínimo tres mandos para controlar la intensidad, frecuencia y características del impulso. La sensación nunca debe ser desagradable. Algunas veces se siente una pulsación rápida y suave; otras, como un latido vibratorio y claro a una frecuencia mucho menor. Seguramente te irán mejor unos modos de colocación que otros, así que presta atención a tus resultados.
- Al igual que con el uso de cualquier «remedio contra el dolor», obtendrás mejores resultados si combinas el TENS con las posiciones y respiración calmante y con las técnicas de crear imágenes.

Visualiza cómo la suave pulsación del TENS libera en tu sistema eléctrico unas sustancias químicas naturales que bloquean los circuitos del dolor.

- Apaga el aparato cada 1-2 horas para valorar los resultados que vas obteniendo. Tener encendido el aparato constantemente durante horas acaba disminuyendo los resultados. Si te encuentras mejor, apágalo hasta que sientas que tus síntomas vuelven a empeorar. Si notas que el TENS mejora tu estado, pero que los síntomas reaparecen o se incrementan poco tiempo después de haberlo apagado, puedes volver a encenderlo sin ningún miedo a sufrir efectos adversos.

Excesos (y tendencias) que se suelen cometer, pero que hay que EVITAR a la hora de usar las técnicas para aliviar el dolor descritas en este capítulo

- No utilizar los métodos para aliviar el dolor con la frecuencia necesaria, quizás porque sencillamente no quieres molestar o porque te sientes inhibido ante los demás. Esto sólo sirve para reforzar más los circuitos del dolor.
- Adoptar posturas y expresiones faciales que evidencian tu dolor: esto no va a proporcionarte ningún alivio; es una «actitud de dolor» con la que, de ordinario, se pretende de forma inconsciente suscitar compasión en los demás. Su resultado suele ser un empeoramiento del dolor causado por el aumento de la tensión y compresión y por el hecho de centrar tu atención en los circuitos del dolor.
- Usar la posición calmante «correcta», pero no controlar tus propios pensamientos, tu estado emocional y tu nivel de tensión muscular: si piensas en el dolor o conservas en tu sistema ira, ansiedad o tensión, las posiciones calmantes serán prácticamente inútiles.

Capítulo 3

Movimientos correctos/ movimientos incorrectos durante las actividades de la vida diaria

CÓMO SENTARSE

La sedestación (estar sentado) es una de las posiciones que más sobrecargan la zona lumbar y el cuello. Debido a la cantidad de tiempo que la mayor parte de la gente pasa sentada y al raro uso de sillas con soportes adecuados para la pelvis y la columna, es importante que conozcas las habituales posturas o movimientos incorrectos y las posturas o movimientos correctos relacionados con la sedestación.

Movimientos incorrectos en sedestación

1. Sentado con la espalda hundida (véase la figura 3.1)

Estar sentado con la espalda hundida significa tener la zona lumbar curvada hacia atrás y el cóccix enrollado hacia adelante y situado debajo de ti. Este modelo universal de sedestación se produce de forma automática cuando nos sentamos sobre superficies en las que el asiento y/o respaldo son demasiado blandos, demasiado profundos, demasiado bajos o tienen forma cóncava.

Figura 3.1

Test de la espalda hundida en sedestación

En la silla en la que ahora mismo te hallas sentado, deja que tu espalda se hunda de forma exagerada: muévete hacia adelante separándote del respaldo y gradualmente deja de mantener una posición erguida. Mantén el nivel de la cabeza, pero deja que tu pelvis y columna se hundan sobre el asiento y el respaldo. Mientras estás sentado de forma tan exagerada, concéntrate en las razones siguientes para evitar esta posición incorrecta:

- Alineación hundida: en primer lugar, imagina que te ves a ti mismo de lado (véase la figura 3.2). Luego, percibe la colocación de tu cóccix: probablemente se halla pegado al asiento; quizás haya quedado situado incluso debajo de ti. Ahora fíjate en cómo el resto de tu cuerpo ha quedado «apilado» sobre él. La zona lumbar está relativamente redondeada; el tórax se halla «deprimido» y prácticamente «descansando» sobre la pelvis; la zona alta de la espalda aparece curvada hacia adelante y, con el fin de mantener la cabeza en su nivel, se produce un abrupto arqueamiento posterior en la parte final del cuello. Observa cómo ahora tu cabeza no descansa cómodamente sobre tu tórax, sino que está desplazada hacia adelante y «suspendida» en el aire. Cuanto más a menudo te sientes de este modo, más adoptará tu cuerpo dicho patrón y se amoldará a él.

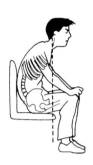

Figura 3.1

- Respiración hundida: con esta alineación la respiración se restringe y resulta trabajosa. El diafragma no se puede mover apropiadamente y las costillas no se pueden expandir con libertad porque la fuerza de la gravedad une el tórax y la pelvis. Sentarse con la espalda hundida conduce a un modelo ventilatorio pobre, el cual puede dar como resultado desazón, fatiga, apatía y dificultad para concentrarse. Esta alineación tiende a bloquear el sistema al interferir con el flujo natural de energía.
- Sentarse con la espalda hundida provoca dolor y daña tu sistema estructural: sentarse con la espalda hundida aumenta la compresión y el estiramiento de la zona lumbar y de la pelvis. Quizá sea el principal culpable del dolor lumbar, del dolor de cuello o cervical y de los cambios estructurales degenerativos que van desarrollándose gradualmente con el paso del tiempo (véase la figura 3.3). Puede aparecer dolor en la zona lumbar y/o cervical; en casos más graves el dolor también —o de forma exclusiva— puede extenderse desde el cuello o zona lumbar a los brazos y/o piernas. A veces este modo de sentarse parece cómodo, pero en realidad provoca dolor y limitaciones durante la bipedestación y

la marcha. Esto sucede porque a la zona lumbar le cuesta ende-
rezarse al pasar a la bipedestación después de haber permanecido durante mucho tiempo en sedestación con un patrón hundido
y curvado (véase la figura 3.4).

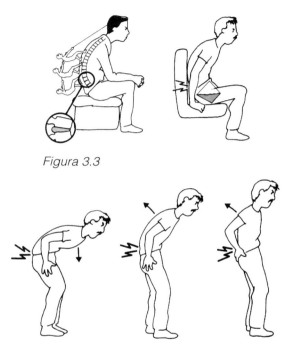

Figura 3.3

Figura 3.4

Cuando nos sentamos con la espalda hundida, las articulaciones
altas y medias del cuello o columna cervical se acercan y comprimen
como consecuencia del excesivo arqueamiento que se produce en la
parte más alta del cuello. Sentado con la espalda hundida, gira lentamente la cabeza tanto como puedas hacia ambos lados. Probablemente notarás cierta tensión o malestar al llegar al límite de los movimientos producida por la compresión articular en la zona del cuello que está
arqueada hacia atrás (véase la figura 3.5). Como la cabeza se halla «suspendida» en el aire o adelantada respecto del pecho, los músculos del
cuello y los hombros tienen que trabajar más de la cuenta. Las articulaciones vertebrales de la base del cuello sufren una tensión anterior
debida a la gravedad (véase la figura 3.6). Como resultado, los dolores

de cabeza y otros síntomas de dolor en el cuello, cabeza, hombros y brazos se ven normalmente agravados por este patrón de sedestación.

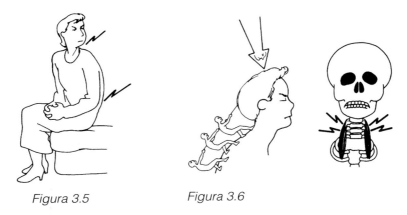

Figura 3.5   Figura 3.6

2. Sentado con la espalda en tensión

Evita tensar inadecuadamente los músculos de la espalda durante mucho rato por culpa de asientos que no permiten un buen apoyo de la espalda, situaciones y/o hábitos estresantes (véase la figura 3.7). No deberías estar gastando constantemente energía muscular para mantenerte sentado. Por ejemplo, quizá tratas de mantenerte recto sobre asientos que no permiten un buen apoyo por ser blandos o profundos y necesitas inclinarte hacia adelante y separarte del respaldo, poniendo en tensión los músculos de la columna; quizá mantienes el cuello y la cabeza adelantados y en tensión mientras conduces durante la hora punta de la mañana; es posible que pongas en tensión zonas del cuello y de los hombros cuando trabajas presionado por la hora; o quizá tensas de forma automática los músculos de la cara, abdomen y recto cuando estás en el lavabo.

Presta atención y evita la tendencia a caer en alguno de los siguientes errores mientras estás sentado:

- arrugar la frente,
- contraer los ojos,
- fruncir el ceño,
- apretar los dientes,
- mantener en tensión el cuello, hombros, zona lumbar, abdomen y glúteos,
- tratar de mantenerte recto poniendo en tensión los músculos anteriores y superiores del cuello y de los hombros.

Figura 3.7

3. Permanecer sentado e inmóvil durante mucho rato

El cuerpo humano no está diseñado para estar sentado durante mucho rato sin moverse. Las fuerzas negativas que se dan cuando estamos sentados con la espalda hundida o en tensión tienden a reducir todavía más nuestra tolerancia a la sedestación. Pero, aunque te sientes en una postura ideal, es importante advertir que el cuerpo necesita moverse y cambiar de posición de forma periódica. Es más cómodo y sano variar de postura mientras se está sentado, siempre y cuando las opciones elegidas sean correctas, que tratar de equilibrar el cuerpo con el mínimo esfuerzo y tensión.

4. Cruzar constantemente la misma pierna

La parte positiva de cruzar las piernas es que sirve para estabilizar tu estructura. Esto permite que los músculos se relajen, lo cual hace que sea una postura cómoda. Al cruzar las piernas, la pelvis se inclina hacia un lado provocando en la columna una curva lateral temporal que desaparece a menos que (y esto es la posible parte negativa) tengas la tendencia de sentarte así la mayor parte del tiempo sin cambiar de lado. Por ejemplo, si siempre tiendes a cruzar la pierna izquierda sobre la derecha, tu pelvis se inclinará hacia la derecha, quedando más elevada por la parte izquierda, y la zona lumbar de tu espalda se curvará hacia un lado (véase la figura 3.8). Por otra parte, cruzar las piernas cuando se está sentado sobre asientos blandos, profundos y desprovistos de apoyos o sin respaldo provoca hundimiento de la espalda o tensión en la misma.

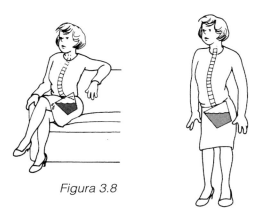

Figura 3.8

La solución consiste en darse cuenta de si tenemos tendencia a cruzar siempre la misma pierna. Después de permanecer un rato con la pierna izquierda cruzada sobre la derecha, cambia y cruza la derecha sobre la izquierda. Cruzar cada vez una pierna distinta ayuda a suprimir el desequilibrio causado por el hábito de cruzar siempre la misma pierna. Además, asegúrate de que vuelves a colocar la pelvis (véase más abajo) firmemente contra el respaldo antes de cruzar la pierna; esto te ayudará a mantenerte erguido y con una buena alineación sin esfuerzo.

Movimientos correctos en sedestación

Cuando estés sentado y tiendas a hundirte o a ponerte en tensión, los movimientos correctos que a continuación se describen te ayudarán a adoptar unos hábitos más sanos y cómodos durante la sedestación.

1. Recolocar la pelvis

Se trata de una sutil pero crucial forma de colocar la pelvis cuando te aposentas sobre un asiento y de recolocarla de vez en cuando durante el tiempo que permaneces sentado. Cuanto más blanda, profunda y cóncava sea la superficie del asiento, más importante resulta hacer este movimiento:

a) apoya las manos sobre los muslos, reposabrazos o sobre el asiento y bascula la pelvis y el tronco hacia adelante y hacia arriba hasta llegar a una postura cómoda pero exageradamente erguida. Ahora eleva y lleva el pecho hacia adelante sobre las caderas de manera que el cóccix sobresalga por detrás; no dejes que el pecho se hunda ni que la espalda se curve (véase la figura 3.9),

b) mientras tus brazos y pies siguen cargando con parte de tu peso, lleva el cóccix hacia atrás hasta donde puedas sin perder la postura de pecho arriba/cóccix atrás. Si el asiento tiene respaldo, pega el cóccix al mismo arqueado hacia arriba. Cuanto más blando sea el respaldo, con más fuerza deberás empujar contra él el cóccix. Una vez éste haya contactado con el respaldo, deja que los glúteos y los muslos se relajen sobre el asiento (véase la figura 3.10),

c) ahora lleva el tronco hasta la vertical. Deberás notar que éste se equilibra prácticamente sin esfuerzo en una postura erguida. Relájate: si tu pelvis está adecuadamente colocada y apoyada, notarás que, a pesar de que tus músculos se relajen, puedes seguir sentado en una posición relativamente erguida y estable (véase la figura 3.11). Ésta es la diferencia entre estar bien «aparcado» y no estarlo; si no basculas lo suficiente la pelvis hacia adelante como para dejarla bien «aparcada», quedará inestable y se caerá o basculará hacia atrás (llevándote a ti con ella) hasta una posición hundida.

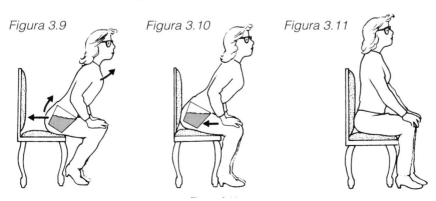

Figura 3.9   Figura 3.10   Figura 3.11

Nota: la recolocación pélvica es el paso más importante —sea cual sea la postura en la que te halles sentado—. Al principio, o cuando tienes dolor, resulta más fácil exagerar dicha maniobra; cuando hayas aprendido a hacerlo de forma prácticamente automática, podrás realizarla de un modo muy sutil. Como siempre, debes ajustar la posición hasta sentir que es agradable para ti (esto significa bascular la pelvis más o menos hacia adelante).

2. Usar diversos modos correctos de sentarse

Deberías familiarizarte con un número de formas correctas de sentarse que te permitiera cambiar de posición sin aumentar las fuerzas de compresión y tensión. Observa que en todas estas posiciones correctas en sedestación la alineación básica entre la pelvis, el pecho y la cabeza no varía demasiado; dicho de otro modo, pelvis, pecho y cabeza permanecen relativamente paralelas entre sí, tanto si te hallas inclinado hacia atrás, recto, inclinado hacia adelante o inclinado hacia los lados. Lo que más varía es el ángulo formado por la pelvis y las caderas. Las siguientes posiciones correctas en sedestación se consiguen gracias a la recolocación pélvica y al posible uso de apoyos para la pelvis o la espalda (véase la figura 3.12).

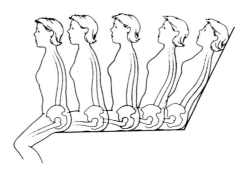

Figura 3.12

SENTADO TENDIDO HACIA ATRÁS Y HACIA ARRIBA: estar sentado tendido hacia atrás y hacia arriba es lo más parecido que puedes lograr a la posición horizontal sin tumbarte realmente. Puede ser una opción formidable para leer, contemplar, escuchar y pensar. Esta posición alivia la zona lumbar de la presión del respaldo. Empieza recolocando la pelvis en la parte delantera del asiento del modo que muestra la figura 3.9. Luego reclínate con las piernas prácticamente estiradas y la parte alta de la espalda y los hombros apoyados contra el respaldo (véase la figura 3.13).

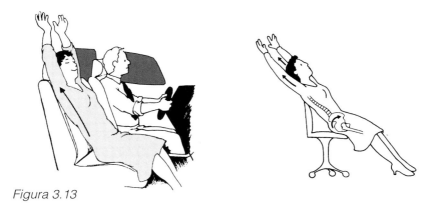

Figura 3.13

Estás reclinado con una alineación prácticamente recta que necesita poca energía para mantenerse y que sobrecarga o tensa muy poco la zona lumbar y el cuello. Si el asiento y/o respaldo son blandos, no pruebes esta alineación.

SENTADO RECTO E INCLINADO HACIA ATRÁS: si te sientas con la espalda recta y te inclinas hacia atrás, podrás descansar apoyándote en el respaldo y al mismo tiempo realizar alguna actividad con las manos. Es una buena alternativa para aquellos momentos en los que estás cansado de estar sentado inclinado sobre la mesa de trabajo. Se logra del mismo modo que al sentarse tendido hacia atrás y arriba, pero con una diferencia: en vez de recolocar la pelvis en la parte delantera del asiento, recolócala atrás, contra el respaldo. Esta alternativa se puede usar en casi cualquier silla que tenga un respaldo estable (véase la figura 3.14).

Figura 3.14

SENTADO RECTO E INCLINADO HACIA ADELANTE: inclinarte hacia adelante con la espalda recta te permite acercarte más para ver, comer y comunicarte mejor. También libera la columna, puesto que la alivia de la presión directa del respaldo. Se logra exagerando el movimiento de la recolocación pélvica. Empújate con los brazos y los pies para levantar y llevar hacia atrás el cóccix todo lo que puedas contra el respaldo antes de relajar los glúteos sobre el asiento. Cuando te endereces, verás que tu pecho y tu cabeza quedan rectos aunque tu espalda y la zona lumbar de la misma estén inclinadas hacia adelante con respecto al respaldo. Apoya los brazos sobre los reposabrazos, volante, mesa o sobre tus propios muslos y traslada sobre ellos parte de tu peso para descomprimir más la columna y para tener un apoyo que te ayude a mantenerte en esta posición (véase la figura 3.15).

Figura 3.15

SENTADO EN EL BORDE DEL ASIENTO: este modo de sentarse es muy parecido al anterior excepto en que en vez de tener el cóccix en el fondo del asiento y pegado al respaldo, ahora te hallas en el borde anterior del asiento. Esta alternativa te permite acercarte tanto como quieras para escribir, comer, hablar, etc. Resulta útil cuando el asiento tiene tanta profundidad que tus pies no llegan cómodamente al suelo o cuando la silla es tan blanda, baja y profunda que podrías quedar «enterrado vivo» si trataras de sentarte hacia atrás. Sentarse en el borde implica recolocar la pelvis en el cuarto anterior del asiento. Si colocas las rodillas más abajo que las caderas te será más fácil mantenerte recto. Separar las piernas o colocar una más alta que la otra también te ayudará a permanecer relajado y estable. Los brazos también deberían representar un apoyo, los coloques sobre tus muslos, sobre la silla o sobre la mesa (véase la figura 3.16).

Figura 3.16

SENTADO DE RODILLAS: el uso de sillas con apoyo para las rodillas se está haciendo cada vez más común en la oficina y en el hogar, especialmente para trabajar delante del ordenador. El aspecto
positivo de estos asientos inclinados es que ayudan a bascular la pelvis hacia adelante de manera que la zona lumbar adopta una posición
mucho más recta con muy poco esfuerzo muscular (véase la figura
3.17a). El hecho de que no tengan respaldo también significa menos
presión directa sobre la zona lumbar.

El aspecto negativo de estas sillas es que sólo ofrecen una opción
posicional, con lo cual resulta imposible cambiar a otras opciones o
modos de sentarse. Además, las personas con problemas en las piernas o rodillas suelen encontrar incómoda la posición o la presión de
las rodillas sobre la barra en la que se apoyan.

Si tu pelvis y tu zona lumbar son bastante flexibles, probablemente necesitarás modificar el asiento para que te proporcione más
apoyo. Ponte recto y realiza el test de la espalda hundida en sedestación. Si tu pelvis se hunde hacia abajo y tu espalda se curva (véase la
figura 3.17b), necesitas ponerte una toalla enrollada (cuña pélvica)
detrás y justo debajo del cóccix para ayudarte a bascular la pelvis hacia adelante y a bloquearla en dicha posición. Después de hacer esto,
recoloca la pelvis sobre la cuña y trata de «hundirte» de nuevo; debes
notar que ahora puedes permanecer erguido sin esfuerzo (véase la figura 3.17c).

Figura 3.17

3. Utilizar soportes en asientos desprovistos de ellos

NIVELAR EL ASIENTO: si la superficie sobre la que se aposentan los glúteos es demasiado baja, blanda o profunda (en relación con el borde anterior del asiento), automáticamente tu pelvis basculará hacia atrás y hará que tu espalda se hunda. Si rellenas el «hueco» o das firmeza a esta parte del asiento, inmediatamente te sentirás más cómodo y erguido (véase la figura 3.18). Para obtener asientos más firmes (coche, casa, oficina), pon una o dos sábanas dobladas sobre la parte del asiento donde descansa el extremo final de los glúteos. Para asientos muy blandos y bajos (sofás, asientos de tipo *poof*) prueba de colocarte debajo un cojín grande, plano y duro o de poner debajo del cojín del asiento una pieza de madera contrachapada de entre 3 y 20 centímetros.

Si estás en el coche, en un restaurante o en el teatro, podrás hacer más firme provisionalmente un asiento demasiado mullido y profundo colocándote debajo de los glúteos el abrigo doblado, revistas o alguna carpeta.

Figura 3.18

SOPORTES LUMBARES: tal como su nombre indica, estos soportes sirven para dar apoyo a la región lumbar con el fin de preservar en parte la curva natural (lordosis) que presenta durante la bipedestación. Por lo tanto, estos soportes deben disminuir su grosor de forma gradual por arriba y por abajo para que se adapten a la forma de la columna. La porción de curva que debe estabilizar el soporte viene dada por la comodidad y por el tamaño y forma real de tu curva lumbar. Normalmente, cuanta más lordosis tengas cuando estás de pie, más cómodo te encontrarás conservando una marcada lordosis durante la sedestación y viceversa. En otras palabras: no todo el mundo necesita un soporte de la misma forma y tamaño.

La forma y el tamaño concretos del soporte que elijas dependerán del tipo de asiento: la cuantía de soporte con la que te encuentras cómodo en un asiento blando y acolchado no debe ser necesariamente la misma con la que te encuentres cómodo en un asiento firme y viceversa.

Un soporte lumbar sólo es útil cuando te apoyas en el respaldo. Los soportes lumbares también deben ser considerados secundarios en importancia frente a la recolocación pélvica y al uso de asientos que permitan un buen apoyo de por sí. Si no colocas la pelvis correctamente y si el asiento es demasiado blando, bajo o cóncavo, con poner un soporte lumbar no solucionarás el problema.

Examina la calidad del apoyo que te proporcionan las sillas en las que diariamente te sientas. Recoloca tu pelvis y deja que se vaya relajando tu musculatura. Si la silla tiene la forma y la dureza adecuadas para ti, el asiento y el respaldo harán que te mantengas erguido con el mínimo esfuerzo por tu parte. Si al relajar los músculos, tu pelvis y tu pecho se caen adoptando un patrón hundido, significa que necesitas soportes lumbares y/o en la zona del asiento.

Cómo colocar correctamente el soporte lumbar: en primer lugar, recoloca tu pelvis. Dóblate por las caderas con la espalda recta y pega el cóccix al respaldo. Luego, inclínate hacia adelante desde la articulación de la cadera manteniendo el pecho arriba y la espalda recta y coloca el soporte detrás de la zona lumbar y parte alta de la pelvis —si el cóccix está bien pegado al asiento, el soporte lumbar debe encajar justo por encima de él (véase la figura 3.19)—. Ahora ponte recto y apóyate hacia atrás contra el soporte (véase la figura 3.20). Observa si te sientes cómodo y modifica la

Figura 3.19

Figura 3.20

colocación del soporte si es necesario. Si empezaras a sentirte incómodo, sácalo y vuelve a colocarlo o levántate y muévete.

Problemas comunes con los soportes lumbares: con el tiempo y la gravedad, los soportes lumbares, así como sus usuarios, tienden a moverse y a acomodarse. La mayoría de veces el soporte resbala hacia abajo por detrás de ti. Si no te colocas bien de nuevo y recolocas el soporte, lo que sucederá es que éste hará que te escurras hacia adelante sobre el asiento y adoptes una postura hundida —¡postura que, precisamente, estabas tratando de evitar!— (véase la figura 3.21). Si el soporte lumbar es demasiado grande, tu zona lumbar se arqueará haciendo que te sientas incómodo o, de nuevo, tu espalda se hundirá a pesar de tener el soporte detrás (véase la figura 3.22).

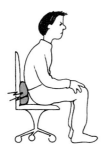

Figura 3.21   *Figura 3.22*

Dónde encontrar soportes lumbares: existen a la venta diferentes modelos de soportes lumbares. Se pueden adquirir en farmacias, grandes almacenes y tiendas especializadas, como por ejemplo ortopedias. Debes probar el soporte en la misma tienda antes de comprarlo. Basa tu selección en la comodidad y en la capacidad del soporte para ayudar a mantenerte recto. Cuando vayas a comprarlo, lleva en mente la silla con la que tienes intención de utilizar dicho soporte.

Soportes lumbares provisionales: cuando te encuentres lejos de los asientos de tu casa, coche u oficina, prueba diferentes objetos a modo de soportes lumbares provisionales. Experimenta con revistas o periódicos enrollados, abrigos o jerseys doblados, libros de bolsillo, agendas, bufandas, cojines de avión, etc.

Un soporte provisional particularmente útil es la cuña pélvica. Ésta se puede utilizar delante y arriba, en el borde y durante la sedestación de rodillas. Simplemente te basta con tomar una sábana doblada o el objeto que estés utilizando a modo de soporte lumbar y colocártelo debajo del cóccix al mismo tiempo que recolocas tu pelvis. Es como poner una cuña de madera debajo de la rueda de un coche para evitar que se vaya pendiente abajo (véase la figura 3.23).

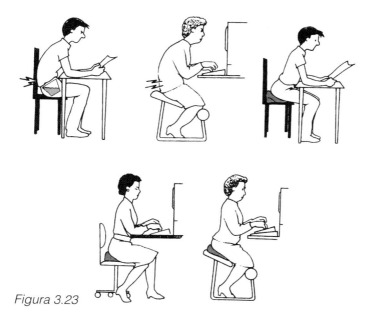

Figura 3.23

Ponte recto y, a modo de prueba, pon las manos debajo de la parte posterior de los glúteos de manera que la pelvis quede inclinada hacia adelante. Si inmediatamente te sientes más cómodo y erguido, la utilización de una cuña pélvica te irá bien. Comprueba que tu musculatura lumbar esté relajada, pero no intentes mantener esta posición con los músculos.

4. Realizar movimientos correctos en una silla

Cuanto más tiempo permanezcas sentado, más rígido y tenso tenderá a estar tu cuerpo y más adoptará la forma de la silla. Si ocasionalmente mueves tu cuerpo en diferentes direcciones, mejorarás y conservarás tu bienestar, movilidad y postura.

Deberías realizar estos movimientos siempre que estés sentado y empieces a sentirte incómodo o a sentir que tu postura se hunde y no puedes o prefieres no cambiar de posición (por ejemplo, levantarte, caminar). Deberías ejecutarlos cuando realices actividades mientras estés sentado de más de una hora de duración.

Estos movimientos actúan como un reconstituyente, ya que no gastan demasiada energía, disminuyen la tensión del cuerpo y favorecen la ventilación, relajación, etc. Gracias a su naturaleza, se pueden practicar con tanta frecuencia como se desee. Cada movimiento puede durar entre 3 y 10 segundos y se puede repetir varias veces.

BASCULACIÓN PÉLVICA (véase la figura 3.24): es especialmente útil cuando se tiene dificultad y/o dolor al intentar ponerse de pie después de haber permanecido sentado demasiado tiempo. Bascula la pelvis y la zona lumbar hacia adelante en sentido contrario al que tiende a hundirlas la gravedad: el cóccix debe despegarse del asiento y la parte anterior de la pelvis tiene que inclinarse hacia adelante. La zona lumbar debe arquearse hacia adelante con suavidad hasta el punto de sentirse cómoda. Apóyate en los brazos para liberar de parte del peso a la pelvis y a la zona lumbar cuando las bascules hacia adelante.

Este movimiento se puede hacer en el borde de la silla justo antes de levantarse o cuando se está sentado hacia atrás, por ejemplo mientras se conduce.

Nota: este movimiento es el mismo que el primer paso de la recolocación pélvica.

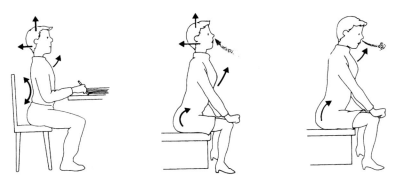

Figura 3.24

ELEVACIÓN DE PECHO Y CABEZA (véase la figura 3.24): este movimiento se puede hacer al mismo tiempo que se bascula la pelvis. Es simplemente una prolongación del movimiento natural que aparece en la columna cuando inclinas la pelvis hacia adelante. A medida que el pecho se eleva, la cabeza asciende de forma natural y se desliza hacia atrás sobre el pecho. Realiza este movimiento exagerándolo ligeramente mediante las siguientes indicaciones:

—Mantén el nivel de tus ojos y la vista al frente. Si miras hacia arriba, arquearás la parte alta del cuello; si miras hacia abajo, flexionarás hacia adelante la parte baja del cuello. A medida que creces sobre el asiento, desliza tu barbilla hacia atrás y hacia adentro.

—Cuando inspires, deja que el aire eleve tu pecho y tu cabeza; cuando expulses el aire, siente cómo «flotan» arriba. Mientras realizas este ejercicio, mantén los músculos del cuello flojos y relajados. Tu cabeza debe estar como «flotando» arriba, atrás y metida hacia adentro, provocando un alargamiento y un estiramiento del cuello y de la parte alta de la espalda.

(Para más movimientos correctos en sedestación, véanse las secciones pertinentes del capítulo 4.)

5. Movimientos apropiados para después de haber permanecido mucho rato sentado (véase la figura 3.25)

- De pie inclinado hacia atrás (véase la página 35).
- Caminar recto (véase el apartado «Cómo caminar» de este capítulo).
- Posición de descanso tumbado boca arriba en extensión (véase la página 33).
- Tumbado boca abajo (véase la página 34).
- Tumbado boca abajo sobre los codos (véase la página 35).
- Nadar (véanse las páginas 216-218).
- Estiramiento con barra arriba (véanse las páginas 176-178).
- Esquí de fondo (véanse las páginas 212-214).
- Isométrico abdominal de pie (véase la página 184).

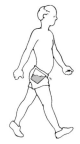

Figura 3.25

Figura 3.25 (continuación)

CÓMO ESTAR DE PIE

Un paso importante hacia una bipedestación cómoda es aprender a mover y a colocar los pies, las piernas, la pelvis y la columna con una alineación más equilibrada que reduzca la compresión y la tensión sobre el cuerpo. A pesar de que cada individuo es único respecto a la postura más eficaz y cómoda para él, este apartado te presentará las recomendaciones tanto específicas como generales para que puedas mejorar de forma rápida tu bienestar, eficacia y apariencia.

Las posturas ideales en bipedestación mantienen el cuerpo con una alineación recta y relativamente equilibrada con el mínimo uso de energía muscular y sin provocar sensación de tensión en los tejidos corporales. Realizar de forma ocasional respiraciones purificadoras y estiramientos mientras se está de pie mejora la alineación, libera la tensión acumulada y ventila el sistema. Mientras estés de pie, deberías moverte un poco y adoptar diferentes posturas en las que te encuentres cómodo. Esto mejorará tu bienestar y resistencia.

Es muy importante que mejores tu percepción sobre tus hábitos y alineación típica en bipedestación. Si eres más consciente de tus problemas de alineación y de tus hábitos —cómo son y cómo se sienten— podrás reducir su frecuencia e intensidad. A medida que tu alineación y hábitos posturales vayan mejorando, tu estructura soportará menos estrés y tensión, lo cual reducirá tu dolor durante la bipedestación.

Nota: sólo se considerarán aquellos desequilibrios posturales que se puede aprender a controlar mediante el movimiento o la modificación. Los desequilibrios posturales debidos a una diferencia de longitud entre ambas piernas, a espasmo muscular o a anomalías óseas los deben tratar específicamente un médico o un fisioterapeuta. Aquí no los vamos a exponer.

Test de aflojar el cuerpo en bipedestación

Ponte de pie lateralmente a un espejo que abarque todo el cuerpo. Lo más apropiado es utilizar dos espejos y colocarlos en un ángulo que te permita seguir mirando al frente al mismo tiempo que obtienes una vista lateral de tu cuerpo (véase la figura 3.26).

Inspira profundamente. A medida que expulsas el aire, relájate; deja que tu cuerpo afloje cualquier tensión. Permítete adoptar una postura exagerada de tu típica postura en bipedestación al final de un día pesado. Visualiza las principales partes de tu cuerpo como una serie de cubos o bloques apilados uno encima del otro: un bloque para la cabeza, otro para el tronco, otro para la pelvis y otro para las rodillas y los pies. Fíjate de qué manera están apilados los bloques en relación con los demás. Luego observa la alineación de tus bloques corporales vistos de lado y de frente.

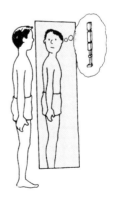

Figura 3.26

Vista lateral

- Observa tus rodillas:

  a) ideal: deben estar relajadas y relativamente rectas, pero no bloqueadas (véase la figura 3.27a);

  b) o ¿están bloqueadas, o abiertamente desplazadas hacia atrás?
  (véase la figura 3.27b);

  c) o ¿están demasiado flexionadas? (véase la figura 3.27c).

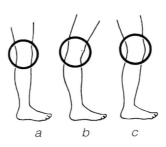

Figura 3.27

Nota: si tienes las rodillas bloqueadas atrás o demasiado flexionadas, procura ponerlas relativamente rectas sin bloquearlas. Observa si
esto afecta a la inclinación de tu pelvis (¿hacia adelante o hacia atrás?).

- Observa tu zona lumbar, abdomen y pelvis:

  a) ideal: debe haber una suave curvatura anterior a nivel de la
  zona lumbar; la parte baja del abdomen debe ser plana y estar tonifi-
  cada a pesar de estar relajada. Si la pelvis fuera un cubo lleno de agua,
  debería estar prácticamente nivelada de delante a atrás de manera que
  el agua no se derramara (véase la figura 3.28a);

  b) o ¿está aumentada la curva lumbar, creando un notable arco anterior? ¿sobresale el abdomen por delante? ¿Sobresalen las nalgas por
  detrás? ¿Está inclinado hacia adelante el «cubo» pélvico de manera
  que el agua tendería a derramarse por delante? (véase la figura 3.28b);

  c) o ¿la curva lumbar es pequeña o inexistente de manera que dicha zona aparece plana o incluso redondeada, quedando flexionada
  hacia adelante? ¿Son planas las nalgas? ¿Está inclinado hacia atrás el
  «cubo» pélvico de manera que el agua tendería a derramarse por detrás? (véase la figura 3.28c).

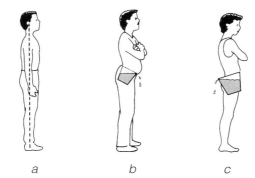

Figura 3.28   a   b   c

- Observa tu tronco y tu pecho:

a) ideal: la cara frontal del pecho debe estar bien recta y relajada; debes notar que entre el final de la caja torácica y el inicio de la pelvis queda un espacio vacío. El contorno de la parte superior de la espalda debe ser recto (o suavemente curvado hacia adelante) de manera que el tronco esté bien derecho (véase la figura 3.29a);

b) o ¿tu pecho está hundido de forma que el esternón se dirige hacia el suelo y las costillas se aplastan todas juntas? ¿Da la sensación de que el pecho está prácticamente «sentado» sobre la pelvis? ¿Está el contorno de la parte superior de la espalda claramente curvado hacia adelante de manera que pareces mucho más bajo de lo que eres realmente? (véase la figura 3.29b);

c) o ¿tiendes a sacar y levantar el pecho de forma exagerada? ¿Tiendes a mantener los hombros elevados usando los músculos? (véase la figura 3.29c). Si crees que se dan en ti cualquiera de estos aspectos, observa el efecto que produce la posición de tu pecho sobre la posición y tensión de tus «cubos» de la pelvis/zona lumbar y de la cabeza/cuello.

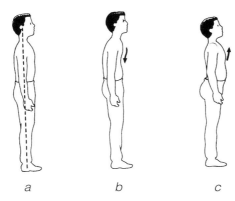

Figura 3.29   a   b   c

- Observa tu cabeza y tu cuello:

a) ideal: tu cabeza debe estar bien nivelada y centrada sobre el pecho; el cuello debe estar prácticamente recto con una suave curva anterior; los músculos que se hallan alrededor de la garganta, en la parte posterior del cuello y sobre los hombros, deben estar relajados (véase la figura 3.30a);

b) o ¿parece que tu cabeza «cuelga» hacia adelante y abajo de manera que la base del cuello queda flexionada hacia adelante? ¿Tiendes a mirar al suelo cuando estás de pie o caminando? (véase la figura 3.30b);

c) o ¿está tu cabeza desplazada hacia adelante de manera que la barbilla y/o garganta sobresalen respecto del pecho? ¿Están rígidos o tensos los músculos que rodean la garganta y/o los que se hallan sobre los hombros? (véase la figura 3.30c).

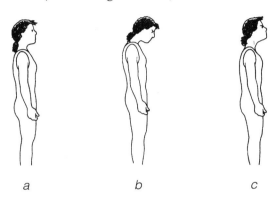

a   *b*   *c*

Figura 3.30

- Observa tu alineación global entre cabeza, pecho, pelvis y base de sustentación (pies):

a) ideal: pelvis, pecho y cabeza deben estar verticalmente equilibrados uno encima del otro y sobre la base de sustentación (véase la figura 3.31a);

b) o ¿tu pelvis está desplazada hacia adelante respecto de la base de sustentación de manera que el abdomen sobresale frontalmente (abdomen avanzado)? (véase la figura 3.31b);

c) o ¿tiendes a mantener el pecho elevado y adelantado respecto de la pelvis y la base de sustentación (pecho avanzado)? (véase la figura 3.31c);

d) o ¿está tu cabeza adelantada de manera que sobresale por delante respecto del pecho y la pelvis (cabeza avanzada)? (véase la figura 3.31d).

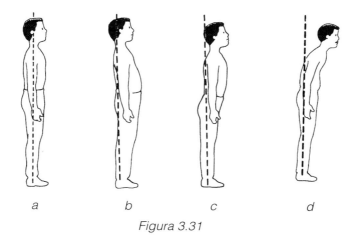

Figura 3.31

a   b   c   d

Vista frontal

• Observa tu base de sustentación:

a) ideal: los pies deben mantener entre ellos una separación no superior a la anchura de los hombros ni inferior a la de la pelvis; deberías poder unir de forma imaginaria, mediante una línea prácticamente recta, pie, rodilla y cadera (véase la figura 3.32a).

b) o ¿tus pies suelen estar mucho más juntos? (véase la figura 3.32b). (Este hábito tiende a aumentar la tensión muscular porque el cuerpo tiene que trabajar mucho más para mantener el equilibrio.)

c) O ¿cuándo estás de pie tus pies y rodillas se desplazan formando un ángulo externo? (véase la figura 3.32c). (Este hábito tensa los ligamentos de los pies y las rodillas; aquí pie, rodilla y cadera no quedan unidos por una línea recta.)

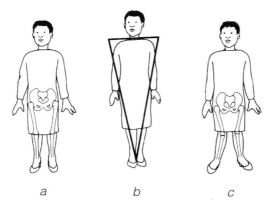

Figura 3.32   a   b   c

Figura 3.33a

• Observa tu tendencia a desplazar tu peso hacia un lado: desplazar el peso sobre una pierna es un hábito normal que sirve para reducir la fatiga muscular y la compresión (véase la figura 3.33a). Observa si tienes la tendencia de apoyarte siempre sobre la misma pierna. Al igual que sucede al cruzar las piernas cuando estás sentado, si habitualmente trasladas tu peso sobre un solo lado, provocas desequilibrios de fuerzas y de alineación. Si tiendes a apoyarte siempre sobre la misma pierna, procura cambiar de lado, es decir, si ya llevas cinco minutos apoyado sobre la pierna izquierda, cambia y apóyate sobre la derecha. También debes evitar desviar habitual y excesivamente el cuerpo hacia la pierna sobre la que te apoyas. Por ejemplo, si estás apoyado sobre tu pierna izquierda mientras que la derecha está adelantada y miras hacia abajo, deberás ver que la cadera izquierda y el lado izquierdo de la pelvis quedan equilibrados sobre tu pie izquierdo. Si, por el contrario, ves que la cadera y el lado izquierdo de la pelvis están desplazados hacia fuera respecto al pie izquierdo y que el lado derecho de la pelvis está caído, esto quiere decir que estás demasiado desplazado (véase la figura 3.33b).

Figura 3.33b

Movimientos correctos en bipedestación

1. EJERCICIOS DE REAJUSTE POSTURAL: consisten en sencillas y sutiles modificaciones en la colocación y el tono de los distintos bloques corporales durante la bipedestación. Pretenden exagerar de forma momentánea una mejor alineación corporal. A medida que vayas repitiendo esta exagerada pero correcta alineación, tu «ordenador» postural empezará a «archivar» como normal dicha alineación, con lo cual empezará a darse de forma más automática.

2. EJERCICIOS DE EQUILIBRIO ESTRUCTURAL: estos ejercicios hacen hincapié en el estiramiento y alargamiento y en una mejor alineación. Básicamente se realizan en el suelo o en la cama. Están diseñados para ayudarte a reequilibrar los tejidos blandos que te están acortando o que no te sostienen correcta o equitativamente entre delante y detrás o entre ambos lados. En este capítulo hallarás las recomendaciones sobre cómo mejorar tus hábitos específicos en bipe-

destación mediante los ejercicios de equilibrio postural; sin embargo, los ejercicios específicos se hallan detallados en los dos primeros apartados del capítulo 5.

3. ZAPATOS CÓMODOS/ADAPTADOS: sirven para mejorar el apoyo y amortiguación de los pies, las piernas, la pelvis y la columna. En el apartado «Cómo caminar» de este capítulo encontrarás recomendaciones sobre el calzado y cómo éste puede mejorar tu bipedestación.

Ejercicios de reajuste postural

Con estos ejercicios se exagera la alineación corregida en bipedestación. Al principio probablemente la notarás rara y artificial para ti. Lo mejor es practicar estos ejercicios frecuentemente (de 3 a 5 veces al día) durante cortos espacios de tiempo (de 5 a 20 segundos) hasta que veas que empiezas a adoptar la buena alineación de forma más constante y automática.

Lo mejor es reajustar tu actitud postural en bipedestación mediante estos ejercicios durante aquellas actividades o momentos en los que tiendes a mostrar una alineación precaria. Trata de realizar estos ejercicios de reajuste postural cuando te halles de pie en un lugar, por ejemplo, en el cuarto de baño tanto por la mañana como por la noche, al esperar un ascensor, al hacer cola, etc. Mientras realices el ejercicio, mantente cómodo y relajado. Utiliza respiraciones calmantes y las imágenes recomendadas y reajusta tu postura mirándote en un espejo (de lado). Deberías poder ver la mejoría inmediatamente. Procura que la imagen de tu nueva postura se grave en tu cerebro mientras te miras.

Los siguientes ejemplos muestran algunas de las actitudes posturales en bipedestación más comunes y problemáticas. Cada ejemplo incluye un ejercicio recomendado de reajuste postural para ayudar a minimizar el problema de forma inmediata y también una lista de los ejercicios de equilibrio estructural más apropiados. Si adviertes que alguna de las siguientes alineaciones incorrectas es similar a la tuya, realiza los ejercicios de reajuste postural recomendados. Ignora las posturas y recomendaciones que no se parezcan a tu alineación.

1. Postura problemática: abdomen y glúteos sobresalientes (véase la figura 3.34)

a) Aquí, la posición de la pelvis hace que el abdomen sobresalga por delante y que los glúteos sobresalgan por detrás. Esta alineación es, probablemente, la principal causa del dolor lumbar en bipedestación.

b) Tu «cubo» pélvico está inclinado hacia adelante de manera que el agua tiende a derramarse por delante, lo que provoca un aumento del arco lumbar.

EJERCICIO DE REAJUSTE: nivelación de la pelvis (véase la figura 3.35):

Figura 3.34

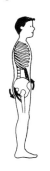

a) inclina suavemente tu «cubo» pélvico de manera que el borde anterior se mueva hacia arriba y hacia dentro para que el agua quede nivelada y serena (no precariamente sostenida);

b) con tus músculos abdominales bajos levanta y lleva hacia dentro la cara anterior de la pelvis. Imagínate que quieres despegar el abdomen del cierre de los pantalones. Deja que la zona lumbar se relaje y alargue adoptando un patrón menos arqueado. Lleva el cóccix hacia abajo y adentro contrayendo suavemente los músculos glúteos.

Figura 3.35

Nota: no tires del tórax hacia abajo para acercarlo a la pelvis. Mantén el pecho recto y lleva la cara anterior de la pelvis hacia arriba y adentro. Normalmente se siente un ligero malestar la primera vez que se prueba este reajuste. No fuerces demasiado dicha corrección tensando desmesuradamente la musculatura.

EJERCICIOS DE EQUILIBRIO ESTRUCTURAL:

- Potenciación abdominal (véanse las páginas 184-188, 199).
- Rodillas al pecho (véanse las páginas 165-166).
- Estiramiento de los músculos flexores de cadera (véanse las páginas 174-175).
- Estiramiento con barra arriba (véanse las páginas 176-178).
- De cuatro patas (cuadrupedia) a sentado sobre los talones (véanse las páginas 168-169).
- Potenciación de los isquiotibiales (véase la página 199).
- El puente (véanse las páginas 181-182).

- Extender brazos y piernas (véanse las páginas 190-191).
- Fortalecimiento de los músculos extensores tumbado boca abajo (véanse las páginas 191-192).

2. Postura problemática: bipedestación del avestruz
(véase la figura 3.36)

a) Las articulaciones de las rodillas están desplazadas hacia atrás de modo que quedan bloqueadas o incluso en flexión posterior, provocando sobrecarga en los talones.

b) Esta posición de las rodillas suele provocar que la pelvis y la zona lumbar adopten la misma posición que la descrita en la postura problemática (1) —inclinada hacia adelante con un aumento del arco lumbar.

c) El pecho está hundido y «aposentado» sobre la pelvis.

Figura 3.36

d) La cabeza y el cuello tienden a caerse hacia adelante y hacia abajo siguiendo la posición del pecho.

EJERCICIO DE REAJUSTE: desbloquear las rodillas, nivelar la pelvis, elevar cabeza y el pecho (véase la figura 3.37):

a) desbloquea las rodillas: relaja la tensión posterior y deja que las rodillas se desplacen levemente hacia adelante sobre la cara anterior de los tobillos. Esto resulta más fácil si se lleva un poco de tacón en vez de ir totalmente plano;

b) nivela la pelvis tal y como se describe en la postura problemática (1);

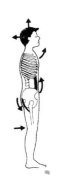

Figura 3.37

c) cuando inspires, deja que el pecho se expanda y eleve; cuando expulses el aire, trata de mantenerlo arriba sobre tu pelvis nivelada;

d) trata de mantener la cabeza alta y nivelada, centrada sobre el pecho erguido —como si estuviera llena de helio o como si una cuerda tirara de ella hacia arriba, sin ningún esfuerzo de tu parte (véase la página 80).

EJERCICIOS DE BALANCE ESTRUCTURAL:

- Estiramiento de los músculos flexores de cadera (véanse las páginas 174-175).
- Potenciación abdominal (véanse las páginas 184-188, 199).
- Potenciación de los músculos extensores tumbado boca abajo (véanse las páginas 191-192).

- Potenciación de los isquiotibiales (véase la página 199)
- Fortalecimiento de los músculos cervicales (véase la página 189)
- Estiramiento y descompresión cervical (véanse las páginas 46-48)
- Rodillas al pecho (véanse las páginas 165-166)
- Estiramiento con barra arriba (véanse las páginas 176-178)
- Elavaciones de pierna en bipedestación (véanse las páginas 193-195)
- El puente (véanse las páginas 181-182)
- Extender brazos y piernas (véanse las páginas 190-191)
- Fortalecimiento de los músculos extensores tumbado boca abajo (véanse las páginas 191-192)

Figura 3.38

3. Alineación problemática: hundida con el abdomen desplazado hacia adelante sobre los «esquíes» (véase la figura 3.38)

a) La pelvis y el abdomen sobresalen por delante, lo cual provoca sobrecarga en los pulpejos de los pies.

b) La parte superior del cuerpo se hunde para compensar este desplazamiento: el pecho se «sienta» sobre el abdomen y la cabeza se desplaza hacia adelante y abajo.

EJERCICIO DE REAJUSTE: centrar la pelvis, elevar cabeza y pecho (véase la figura 3.39):

a) lleva la pelvis hacia atrás centrándola sobre tu base de sustentación de modo que notes un aumento de la carga en los talones;

b) deja que la cabeza y el pecho asciendan cuando inspires y que se mantengan arriba cuando expulses el aire. Imagina que una cuerda tira de ti hacia arriba y hace que te mantengas recto y con tu peso sobre los talones;

c) eleva y mete hacia adentro la parte baja del abdomen para poder trasladar mejor tu peso sobre los talones y para poder colocarte recto.

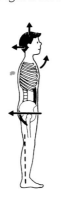

Figura 3.39

EJERCICIOS DE EQUILIBRIO ESTRUCTURAL:

- Extensores de la espalda (véase la página 200).
- Potenciación abdominal (véanse las páginas 184-188, 199).
- Extender brazos y piernas (véanse las páginas 190-191).
- Elevaciones de pierna con rodilla recta (véanse las páginas 180-181).

- Potenciación de los músculos extensores tumbado boca abajo (véanse las páginas 191-192).
- Fortalecimiento de los músculos cervicales (véase la página 189).
- Estiramiento y descompresión cervical (véanse las páginas 46-48).
- Posición de descanso tumbado boca arriba en extensión (véase la página 33).
- Estiramiento con barra arriba (véanse las páginas 176-178).
- Rotaciones de columna (véanse las páginas 163-164).
- Rodillas al pecho (véanse las páginas 165-166).
- El puente (véanse las páginas 181-182).

4. Alineación problemática: actitud de «sedestación» hundida en bipedestación (véase la figura 3.40)

a) Tus rodillas y tobillos están excesivamente flexionados, como si estuvieras preparándote para sentarte.

b) La pelvis está inclinada hacia atrás de manera que el cóccix queda metido hacia adentro.

c) La pared torácica está hundida y «aposentada» sobre el abdomen.

Figura 3.40

d) La cabeza y el cuello están desplazados hacia abajo y hacia adelante siguiendo al pecho.

EJERCICIO DE REAJUSTE: poner las piernas rectas, elevar cabeza y tórax (véase la figura 3.41):

a) imagina que tienes una cuerda atada en la punta de la cabeza. Deja que la cuerda tire hacia arriba de tu cabeza sobre el pecho;

b) cuando inspires, deja que el pecho suba y se expanda; cuando expulses el aire trata de mantenerlo arriba y separado de la pelvis (véase la página 80);

c) estira las rodillas, sin bloquearlas, y exagera una posición recta del tronco y de las piernas —¡piensa en crecer!

Figura 3.41

EJERCICIOS DE EQUILIBRIO ESTRUCTURAL:

- Posición de descanso tumbado boca arriba en extensión (véase la página 33).
- Levantar la pierna en bipedestación (véanse las páginas 193-195).
- Estiramiento de los isquiotibiales en bipedestación (véase la página 172).
- Estiramiento de los músculos de la pantorrilla (véanse las páginas 173-174).

- Extensores de la espalda (véase la página 200).
- Extender brazos y piernas (véanse las páginas 190-191).
- Potenciación de los músculos extensores tumbado boca abajo (véanse las páginas 191-192).
- El puente (véanse las páginas 181-182).
- Relajación cervical (véanse las páginas 159-162).
- Fortalecimiento de los músculos cervicales (véase la página 189).
- Estiramiento y descompresión cervical (véanse las páginas 46-48).
- Rotaciones de columna (véanse las páginas 163-164).
- Estiramiento con barra arriba (véanse las páginas 176-178).
- Isométrico de los abdominales inferiores —Bipedestación (véase la página 184).

Otros movimientos correctos que hay que tener en cuenta

Apoyarse, moverse y balancearse

a) Apoyar un pie sobre algo (un peldaño, una caja, el otro pie, etc.) y apoyarte sobre los brazos descargando parte de tu peso te servirá para nivelar la pelvis y para reducir la tensión en la columna (véase la figura 3.42).

b) Apoyarte en paredes, mostradores, postes, etc. te ayudará a descargar y descomprimir la columna (véase la figura 3.43).

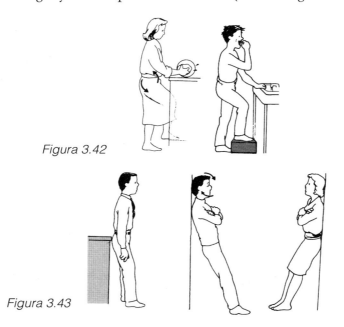

Figura 3.42

Figura 3.43

c) Trasladar el peso y balancearse: los rascacielos poseen la capacidad de balancearse con el fin disipar la tensión provocada por fuerzas externas como las del viento o la gravedad. Tú también deberías incorporar este concepto básico durante la bipedestación. Un sutil, lento y pequeño balanceo es una buena forma de aliviar parte de la tensión acumulada mientras estás de pie. El uso del balanceo también ayuda a calmar el sistema eléctrico, hecho que favorece la relajación muscular y la disminución de la excitabilidad nerviosa.

Las formas de balanceo son ilimitadas. Elige la que te resulte más cómoda y trata de mantener durante ella una alineación recta y relajada. Adopta alguna de las siguientes formas de balanceo siempre que estés de pie en un lugar: balanceo de lado a lado, balanceo de delante a atrás, traslado de tu peso de los dedos de los pies a los talones.

Cómo relajarse después de permanecer de pie mucho rato

Practica las posturas y los movimientos relajantes sugeridos para aliviar el dolor lumbar agravado por posturas y actividades que tienden a arquear excesivamente la zona lumbar de la columna (véanse las páginas 39-41).

CÓMO CAMINAR

Caminar representa tu medio de transporte más básico. Es una de las maneras más seguras y efectivas de ejercitar todo el cuerpo. Si actualmente tu dolor cervical o lumbar se ve agravado por el hecho de caminar, lograrás reducirlo si controlas alguno de los factores a los que hace referencia este apartado y el anterior (ejercicios de reajuste postural). En este apartado se describen los modos incorrectos de caminar (movimientos incorrectos) y los modos correctos de caminar (movimientos correctos). También se observa el acto de caminar como una manera de hacer ejercicio y se hacen sugerencias al respecto y sobre la manera de mejorar el calzado.

La manera de estar de pie se refleja en el modo de caminar

En general, tu postura en bipedestación se parece a la postura que exhibes cuando caminas. Por ejemplo, si cuando estás de pie parado presentas un arco lumbar aumentado y/o la cabeza desplazada hacia adelante, probablemente tales desequilibrios también estarán presentes cuando camines. Si tiendes a ponerte tenso cuando estás de pie parado, tu modo de caminar también reflejará esta tensión. Si, cuando estás de pie, te hundes, caminando también mostrarás esta misma alineación incorrecta. Por lo tanto, es importante que tomes conciencia de tus tendencias posturales y que sigas las recomendaciones específicas ya presentadas en el apartado «Cómo estar de pie». Cuando seas capaz de modificar con sutileza alguna de estas tendencias durante la bipedestación (practicando los ejercicios de reajuste postural), sólo será cuestión de continuar con estos y otros reajustes similares cuando camines.

Si consideras que alguno de los modos incorrectos de caminar es parecido al tuyo, prueba los reajustes recomendados. Practica los reajustes posturales, respiraciones y visualizaciones durante cortos períodos de tiempo (10 segundos-1 minuto) cuando realices las actividades cotidianas que implican caminar.

Sustituye los modos incorrectos de caminar por otros más sanos

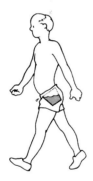

1. Movimiento incorrecto: caminar con el arco lumbar aumentado (véase la figura 3.44)

Un arco lumbar anterior excesivo junto con un abdomen inferior hacia adelante hacen que el agua del cubo pélvico se derrame por delante cuando caminas. Esta alineación suele agravar el dolor de la zona lumbar. Con esta alineación la tendencia es caminar con el abdomen por delante.

Figura 3.44

Movimiento correcto: nivelar la pelvis (véase la figura 3.45) (véase la página 90)

Imagina que tienes una polea clavada en el borde anterior de la pelvis que tira de ella hacia el techo. Mientras caminas, imagina que la cuerda ascendente de la polea mantiene el borde anterior de tu pelvis arriba y al mismo nivel que el borde posterior. El agua que hay dentro del cubo pélvico está nivelada y no se derrama. Mientras sigues caminando deja que esta imagen te ayude a mantener la pelvis y zona lumbar en una posición estable.

Figura 3.45

2. Movimiento incorrecto:
caminar con la cabeza inclinada hacia adelante (véase la figura 3.46)

Adoptarás esta alineación si, mientras caminas, vas mirando el suelo que pisas. Quizás este movimiento incorrecto sea sólo un hábito, pero tenderás a exagerarlo siempre que estés cansado, enfermo, deprimido, estresado o tengas frío.

Generalmente, cuando la cabeza está inclinada hacia adelante se tiene el pecho o el tórax hundido. El esternón, que es el hueso anterior del tórax, se encuentra relativamente descendido. Esto da como resultado una ventilación escasa y, como consecuencia, una disminución de la resistencia.

Figura 3.46

Movimiento correcto: elevar cabeza y el pecho
(véase la figura 3.47) (véase la página 80)

Mientras caminas, realiza de tanto en tanto una respiración purificadora y siente cómo el aire expande y eleva suavemente tu tórax. Imagina que el aire que hay en tus pulmones es helio. Mientras caminas, siente cómo el aire eleva ligeramente tu tórax despegándolo del abdomen y la pelvis. Deja que tu cabeza se mantenga alta y centrada. Imagina que tu cabeza es un globo lleno de helio —siente cómo puede flotar sobre el cuello y siente cómo disminuye la tensión muscular y la compresión alrededor de éste.

Figura 3.47

3. Movimiento incorrecto:
caminar inestable/desgarbado (véase la figura 3.48)

Este modo de caminar está caracterizado por la inestabilidad y por la realización de movimientos extraños con diferentes partes del cuerpo. Se suele dar cuando hay una tendencia a la inestabilidad articular/muscular, lo cual provoca una movilidad excesiva. El resultado es la aparición de dolor en numerosas partes del cuerpo, especialmente

Figura 3.48

en el cuello, la zona lumbar y la pelvis. Esta forma de caminar está normalmente asociada al aumento de las curvas espinales y a una disminución de la fuerza.

El agua de los «cubos» de la pelvis y la cabeza tiembla y oscila debido a la inclinación y basculación de estas zonas mientras caminas.

Movimiento correcto: imponer un caminar estable y relajado (véase la figura 3.49)

Imagina que los «cubos» de tu pelvis y tu cabeza están llenos hasta la mitad o las tres cuartas partes de agua. Camina de manera que el agua se mantenga relativamente quieta y nivelada. Piensa que debes mantener el agua «serena»; limita el exceso de movilidad de la pelvis y evita que tu cabeza se incline hacia adelante o de lado mientras das los pasos. Si debes poner en tensión alguna zona es la abdominal baja y la musculatura glútea con el fin de mantener el borde anterior de la pelvis nivelado y estable. No permitas que haya demasiada rotación entre los distintos bloques corporales o, lo que es lo mismo, trata de mantener la cara, el pecho y la pelvis relativamente fijos y mirando hacia adelante. Piensa que para caminar de un modo más suave y menos basculante debes utilizar los músculos de los pies y de las piernas. Mientras sigues caminando piensa en la suavidad y estabilidad con la que te estás moviendo.

Figura 3.49

4. Movimiento incorrecto: caminar cuidadoso/tenso/rígido (véase la figura 3.50)

Esta tendencia puede ser consecuencia de una rigidez estructural. También puede ser resultado del miedo a caer o del miedo a que el simple hecho de caminar desencadene de nuevo el dolor. Esto hace que adoptes una postura rígida, como si llevaras un corsé desde la cabeza hasta los pies. Te mueves como un niño que transporta un cubo lleno de agua en una habitación y camina con miedo a que se le derrame. Tus músculos están trabajando en exceso para tratar de evitar el movimiento en el cuello y/o la espalda y esta actividad muscular desmesurada aplasta las articulaciones. Aparece dolor como consecuencia del pinzamiento articular y/o de la

Figura 3.50

sobrecarga o tensión muscular. Este cuadro provoca fatiga. Es como tener el freno de mano puesto e intentar moverte al mismo tiempo.

La sobreprotección y/o rigidez muscular tienden a llevarte en una dirección concreta. Las posturas más habituales incluyen los siguientes aspectos: cabeza inclinada hacia adelante y abajo, elevación de los hombros, pecho deprimido, abdomen apretado y glúteos tensos.

Movimiento correcto: relajar la tensión mientras caminas (véase la figura 3.51)

Haz algunas respiraciones calmantes y purificadoras. Mientras inspiras, piensa que el aire circula por tus zonas de tensión. Siente cómo el aire permite que estas áreas tensas se relajen y se vuelvan ligeras. Mientras expulsas el aire, piensa en aflojar la tensión que hace que tu cuerpo esté demasiado rígido. ¡Deshazte del aire contaminado! Piensa en el agua de tu «cubo» pélvico: muévete de manera que el agua se serene.

Figura 3.51

5. Movimiento incorrecto: caminar taconeando (véase la figura 3.52)

Esta forma de caminar se caracteriza por un fuerte golpe de tacón/pie. Las ondas del impacto se transmiten a través de la pierna hasta las articulaciones de la pelvis y la columna y provocan sobrecarga en alguna de ellas. Esta forma de caminar suele ser un hábito que se tiende a exagerar cuando se está enfadado, se va con prisa, descalzo o se llevan zapatos planos con tacones duros y pesados o altos y puntiagudos.

Figura 3.52

Movimiento correcto: imponer un apoyo del talón y del pie suave y efectivo al caminar

Piensa en apoyar el pie de una forma suave, atenuada y efectiva. Esto te obligará a ejercer mayor control muscular con los pies y las piernas, lo cual dará como resultado una deambulación más suave. Procura que tus zapatos no contribuyan al taconeo (por ejemplo, zapatos con la suela o con tacones sólidos y duros con muy poca capacidad de absorción del impacto). Probablemente te irá bien llevar unos zapatos de mejor calidad o unas plantillas acolchadas. De todos modos, lo más importante es tratar de reducir la intensidad del taconeo y convencerse simplemente de la necesidad de apoyar el pie de una forma más suave y delicada. A medida que vayas aprendiendo a caminar con un paso más amortiguado, podrás caminar con tanta rapidez como quieras.

Figura 3.53

6. Movimiento incorrecto: caminar estresado
(véase la figura 3.53)

El caminar estresado suele ser un caminar rápido y nervioso en el que la cabeza y el tronco se mantienen relativamente inclinados hacia adelante y abajo. Tu expresión facial (ceño fruncido, mandíbula apretada, etc.) suele indicar que las cosas no van bien. Normalmente también hay un aumento de la tensión muscular en tus zonas típicas de dolor. Esta forma de caminar se asemeja al hecho de hacer esfuerzos en el lavabo.

Figura 3.54

Movimiento correcto: caminar sereno (véase la figura 3.54)

Trata de imaginarte que todo te va bien. Deja que tu paso se vuelva lento y largo, permitiéndole su tiempo de impulso en vez de ir acelerándolo a consecuencia de la tensión. Pon la cabeza y el tronco rectos para mejorar tu ventilación. Cambia la expresión de tu cara tratando de reflejar en ella lo que te gustaría estar sintiendo (felicidad, seguridad, paz, etc.). Concéntrate en moverte de forma simétrica y con una alineación correcta; deshazte de la tensión y de las «malas vibraciones» mediante un movimiento suave, la expulsión consciente del aire y la visualización de imágenes positivas.

Mejorar el calzado

La forma en que tu zapato responde al suelo y la forma en que tu pie responde al zapato se transmiten por tu pierna hasta los distintos bloques corporales, hecho que hace que las sensaciones que tienes cuando estás de pie y caminando sean, en gran parte, consecuencia del tipo de zapato que llevas. Independientemente del estilo de zapato que lleves, debes tener en cuenta los criterios básicos descritos a continuación. (Consulta a tu terapeuta sobre la altura del tacón más aconsejable para ti, puesto que es diferente para cada persona.)

REFUERZO POSTERIOR/CONTRA-TALÓN (véase la figura 3.55): es como la quilla de un barco; debe ser lo suficientemente estable como para mantener recto el talón mientras caminas o estás de pie:

Figura 3.55

- *conveniente*: el refuerzo posterior debe rodear cómodamente la parte posterior y los laterales del talón y mantener esta zona recta al caminar. El material debe estar reforzado y ser fuerte para que no se deforme con el uso;
- *problemático*: un refuerzo posterior débil es aquel que se puede aplastar con los dedos. Permite que el talón se mueva demasiado, principalmente hacia dentro y hacia fuera. Si tu talón se inclina hacia fuera, el tobillo debe adoptar una posición más rígida, con lo cual se transmite a través de la pierna un impacto mayor a la columna. Si tu talón cae hacia dentro, los arcos plantares del pie se aplastan. Esto puede transmitir a través de la pierna más tensión a la zona lumbar.

TACÓN: es la plataforma sobre la que se apoya el hueso del talón:

- *conveniente:* el tacón debe estar preparado para amortiguar y absorber el impacto y debe proporcionar un apoyo de una altura de las 3/4 partes o la mitad mayor que la altura de las suelas. Además, la anchura del tacón debe ser igual a la anchura del refuerzo posterior o contratalón, ya que esto ayuda a «repartir» las fuerzas de tensión favoreciendo la absorción del impacto;
- *problemático:* los tacones compactos y duros aumentan la intensidad del impacto que se transmite a la columna a través de la pierna. Los tacones planos pueden incrementar el impacto debido a la densidad del material con que están hechos. Los tacones estrechos y puntiagudos provocan un temblor que se transmite por la pierna y que puede ser causa de un aumento de la tensión en las zonas delicadas. Los tacones blandos y esponjosos también aumentan la tensión por ceder demasiado y por hallarse normalmente combinados con un refuerzo posterior o contratalón endeble. Los tacones gastados y desiguales pueden empeorar tu alineación y tu tensión muscular. No dejes que pase el tiempo sin cambiarlos o llevarlos a arreglar.

FLEXIBILIDAD (véase la figura 3.56):

- *conveniente:* si intentas doblar el zapato, éste debe ceder a nivel del pulpejo del pie para que, al caminar, el pie también pueda doblarse. Con el zapato puesto debes poder encoger, estirar y mover los dedos;

- *problemático:* si el zapato es demasiado rígido, no cederá cuando intentes doblarlo, lo cual puede resultar muy incómodo. Por otro lado, llevar constantemente unos zapatos rígidos e inflexibles «retarda» los pies, ya que no pueden responder al suelo porque el zapato no se lo permite.

Figura 3.56

Si el zapato es demasiado endeble se aplastará por diversas partes de la suela o se deformará y permitirá que el pie adopte posiciones incorrectas. Llevar siempre zapatos endebles hace que tus pies se «hundan» fácilmente, lo cual conduce a la caída de los arcos plantares.

PLANTILLA: dentro del zapato, es el material dispuesto sobre la planta del zapato que va desde el talón hasta los dedos:

- *conveniente:* la plantilla debe proporcionar un apoyo cómodo al talón y al arco interno del pie. Si pasas un dedo sobre ella por dentro del zapato deberás notar una elevación en su contorno que encaje con la altura de tu propio arco. La parte acolchada debe abarcar desde el talón hasta los pulpejos del pie como mínimo;
- *problemático:* si en la zona del arco no hay un grosor estable de material, será fácil ir empujando hacia los lados los laterales del zapato. Esto sucede al caminar, permitiendo al pie aplastarse. Combinar unas plantillas planas y duras con tacones compactos puede provocar una compresión dolorosa en la pierna y la columna.

PUNTA: es la zona que rodea a los dedos, desde la base hasta la punta, por dentro del zapato:

- *conveniente:* la punta del zapato debe tener la suficiente altura y amplitud como para que los dedos puedan flexionarse, levantarse y moverse ligeramente. Las paredes que forman la punta deben arrimarse lo suficiente al pie como para evitar que éste se deslice por dentro del zapato;
- *problemático:* los zapatos que comprimen el pie y los dedos pertenecen a otra cultura y a otro tiempo. Los dedos no deben quedar encogidos, comprimidos ni aplastados. No debes notar que la parte superior de los dedos aprieta la base de la punta del zapato.

CÓMO AGACHARSE Y LEVANTARSE

Prácticamente a diario te agachas repetidas veces para recoger cosas del suelo y para realizar numerosas tareas. Si lo haces de una forma incorrecta, aumentas la tensión y la presión en la columna. El hecho de agacharse o inclinarse hacia adelante incorrectamente de forma repetida y constante puede prolongar e incrementar tu cuadro doloroso incluso cuando el objeto que estés recogiendo del suelo no pese más que un zapato. Por otro lado, adoptar una forma correcta de agacharse y de levantarse produce los siguientes beneficios: aumenta la fuerza de las piernas y tronco, mejora la capacidad para agacharse y levantarse cómodamente, disminuye el riesgo de la recaída o reaparición de los síntomas y mejora la capacidad para levantar objetos pesados. Agacharte correctamente puede ser una de las cosas más efectivas que puedes hacer para contrarrestar el efecto (curvante) que la gravedad ejerce sobre tu columna a lo largo de los años.

Nota: la alineación corporal que se debe adoptar para agacharse correctamente es esencialmente la misma que la recomendada para sentarse de forma correcta.

Agacharse y levantarse incorrectamente. Hábitos negativos

- Pies demasiado juntos: si tus pies están más juntos que la anchura de tus hombros, tu apoyo y sujeción será precario e inestable y tenderás a curvar la espalda (véase la figura 3.57).
- Rodillas y caderas estiradas, con la zona lumbar curvada hacia adelante: esta posición es la más común y la peor para levantarse, especialmente si al mismo tiempo se gira el tronco (véase la figura 3.57).

Figura 3.57

- Tensar y arquear el cuello hacia arriba: esto comprime las articulaciones cervicales y provoca dolor, especialmente si se mantiene la posición durante un rato (como cuando se trabaja en el jardín) o si se levantan objetos pesados (véase la figura 3.57).

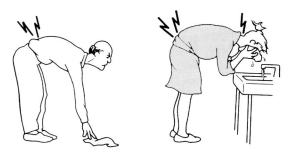

Figura 3.57 (continuación)

- Levantar y transportar una carga con un solo brazo (véase la figura 3.58).
- Levantar y bajar objetos demasiadas veces durante un corto período de tiempo: cuando empieces a estar cansado, hundirás la espalda, lo que provocará un aumento de la sobrecarga y tensión en la misma (véase la figura 3.59).

Figura 3.58   *Figura 3.59*

- Levantar objetos demasiado pesados para ti (véase la figura 3.60): esto suele resultar de un intento de levantarlos de un tirón y/o de levantarlos con la espalda excesivamente curvada o hundida. Si eres incapaz de levantarlos despacio y suavemente y con una alineación corporal correcta, ¡abandona la tarea!

- Levantar objetos pesados inmediatamente después de haber estado sentado durante mucho rato, especialmente si has mantenido una postura hundida: ¡es una combinación mala y peligrosa! (véase la figura 3.61).
- Levantar los brazos hacia arriba para coger o dejar algo con el cuello y la zona lumbar excesivamente arqueados (véase la figura 3.62).

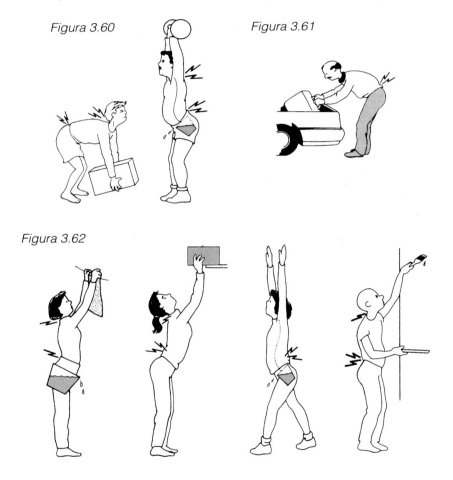

Figura 3.60

Figura 3.61

Figura 3.62

Agacharse y levantarse correctamente. Hábitos positivos

- Separa entre sí rodillas y pies como mínimo una distancia equivalente a la anchura de tus hombros o bien coloca un pie delante y otro detrás. Esto te ayudará a doblarte por las caderas y a mantener la espalda relativamente recta y libre de sobrecarga (véase la figura 3.63).

- Inclínate hacia adelante o agáchate con los glúteos y el tórax so-sobresalidos. Si lo haces correctamente, tu espalda quedará recta y el cuello bien equilibrado en una posición neutra y relajada (véase la figura 3.63).
- Apóyate sobre uno o los dos brazos. Al agacharte o al levantarte, apoya la mano o el codo sobre tu muslo, un mueble, la pared, un mostrador, etc. Hacer esto libera la zona lumbar de parte de la sobrecarga y la tensión (véase la figura 3.63).

Figura 3.63

- Siempre que puedas, reparte el peso equitativamente entre ambos lados o, como mínimo, cambia el peso de lado para que así éstos sufran una tensión similar (véase la figura 3.64).

• Siempre que cojas o dejes algo por encima del nivel de tu cabeza, nivela la pelvis (véase la página 90), mantén el tórax arriba y/o utiliza un taburete o escalerilla para mantener la zona lumbar y el cuello en una posición neutra (véase la figura 3.65).

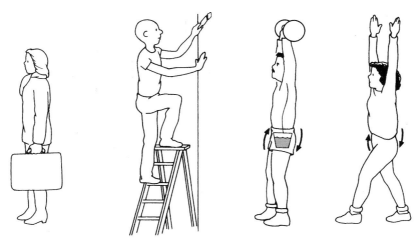

Figura 3.64 *Figura 3.65*

• Antes o después de estar inclinado hacia adelante o cargando peso durante mucho rato, camina un poco y usa las posiciones de inclinación posterior y/o tumbado boca abajo, especialmente si mientras tanto has estado sentado (véanse las páginas 34 y 35).

Formas correctas de agacharse y de levantar objetos del suelo

Los siguientes ejemplos son resultado de los hábitos positivos que se acaban de presentar y se pueden aplicar a la mayoría de actividades en las que se halle implicado agacharse o recoger cosas del suelo:

• AGACHARSE COMO UN ÁRBITRO (véase la figura 3.66a): separa entre sí los pies a una distancia superior a la anchura de tus hombros; apoya las manos, los antebrazos o los codos en los muslos. Mantén el pecho alto y la espalda recta mientras bajas y subes, doblándote y estirándote desde las caderas y las rodillas.

• LEVANTAR UN OBJETO CON LAS PIERNAS DOBLADAS (véase la figura 3.66b): mantén el pecho alto y la espalda recta mientras te empujas con las piernas hacia arriba. Tus brazos deberán quedar rígidos para que puedas mantener el peso del objeto arriba y cerca de ti, sin permitir que tu pecho se hunda a medida que levantas dicho objeto. Cuando tengas que levantar objetos muy pesados y te hayas puesto en cuclillas para cogerlos del suelo, mantener los codos y antebrazos pegados a la cara interna de las piernas te ayudará a tener más estabilidad y a transferir parte de la carga de la espalda a las piernas.

a

Figura 3.66   *b*

- AGACHARSE A MODO DE GRÚA (véase la figura 3.67a): levanta o desliza una pierna hacia atrás al mismo tiempo que vas doblándote desde la cadera de la pierna que está apoyada. Esto te ayuda a mantener la espalda relativamente recta y libre de sobrecarga. Al mismo tiempo que te doblas por las caderas, apoya una o ambas manos sobre algo para poder trasladar sobre ellas parte del peso. Esta técnica es menos agresiva para las rodillas y no requiere tanta flexibilidad y fuerza como la anterior forma de agacharse. Si tienes dolor en una pierna o en un solo lado de la zona lumbar, descarga la pierna problemática apoyándote sólo sobre la otra pierna.

- LEVANTAR UN OBJETO A MODO DE GRÚA (véase la figura 3.67b): Esta técnica sólo sirve para levantar objetos ligeros (ropa, juguetes pequeños, un periódico, etc.) que se pueden asir fácilmente con una sola mano. Sube estirando la pierna del suelo y empujándote con el brazo que está apoyado.

  PRECAUCIÓN: si estás embarazada o sabes que tienes inestabilidad en las articulaciones pélvicas, evita esta técnica.

a   b

Figura 3.67

- AGACHARSE PONIENDO UNA RODILLA EN EL SUELO (véase la figura 3.68a): esta técnica es un poco menos costosa que la de agacharse del todo doblando las rodillas. También resulta útil cuando tienes miedo a agacharte o inclinarte porque tienes más dolor del habitual. Con una rodilla apoyada en el suelo se pueden realizar tareas ligeras a ras de suelo durante un rato.
- LEVANTAR UN OBJETO CON UNA RODILLA APOYADA EN EL SUELO (véase la figura 3.68b): Es una buena técnica para levantar bolsas de la compra y maletas. Una vez hayas apoyado una rodilla en el suelo, simplemente debes empujarte con ambas piernas para levantarte. Mantén el pecho recto y alto (sin inclinarlo hacia adelante) al subir; mantén los brazos tensos para que el peso del objeto no te empuje hacia abajo haciendo que tu espalda se hunda. Para levantar del suelo cajas pesadas sin asas para cogerlas, utiliza esta misma posición para arrastrarlas justo hasta el muslo del suelo (véase la figura 3.69). Una vez tengas la caja bien cogida y pegada a tu cuerpo, empújate con ambas piernas para ponerte de pie. De nuevo, procura mantener la espalda bien recta.

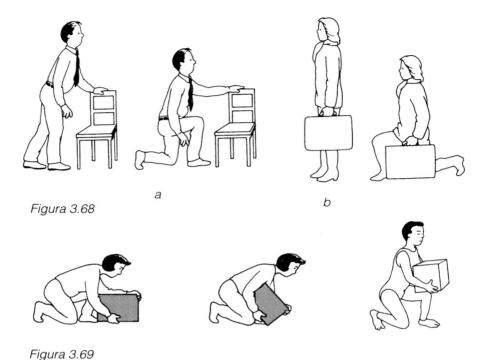

a   *b*

Figura 3.68

Figura 3.69

MOVIMIENTOS CORRECTOS E INCORRECTOS DURANTE LA REALIZACIÓN DE LAS ACTIVIDADES COTIDIANAS: CONCEPTOS CLAVE

Tests de soltarse en sedestación y en bipedestación: estos tests consisten en reproducir una alineación precaria de forma exagerada relajando simplemente la postura y adoptando tu peor alineación. Estos tests no están hechos para ser repetidos a modo de ejercicios; utilízalos sólo al principio, hasta que seas consciente de tu mala alineación exagerada; luego practica tu ejercicio de reajuste postural. Para ello deberás sentarte o quedarte de pie y adoptar una alineación que te resulte cómoda para luego adoptar tu alineación correcta de forma exagerada.

Alineación correcta exagerada: cuando practiques los ejercicios de reajuste postural, tu cuerpo pasará de una alineación precaria a otra corregida. Se puede decir que la alineación correcta exagerada representa una «sobrecorrección» de tu alineación postural, adoptada conscientemente, en la que debes fijarte durante cortos espacios de tiempo (10-30 segundos). Esta sobrecorrección te ayudará a cambiar tu «ordenador» postural para que sepa que la corregida es la tuya. De esta manera, cuando te relajes y dejes de mantener la alineación correcta exagerada, tu cuerpo volverá a una alineación neutra y mejorada; es decir, por un tiempo, no volverá del todo a la alineación precaria que siempre habías tenido. Con el tiempo, a fuerza de repetir diariamente los ejercicios de reajuste postural que te hacen adoptar esta alineación correcta, tu postura empezará a cambiar realmente hacia esta alineación mejorada.

Alineación neutra: se refiere al equilibrio óptimo de los bloques corporales tanto de frente como de lado. La posición neutra se logra adoptando primero la alineación correcta exagerada para relajarse gradualmente desde dicha posición. La alineación mejorada resultante será, por el momento, tu posición neutra, que podrá perfeccionarse con el tiempo.

Capítulo 4

Rueda de funciones

Este capítulo te mostrará cómo puedes mejorar tu comodidad, tu productividad y tu salud física al realizar tareas tan cotidianas como levantarse de la cama, lavarse, ir a trabajar, trabajar en la oficina o hacer las tareas del hogar. Para cada una de estas actividades encontrarás ejemplos que debes evitar (movimientos incorrectos) y modelos que debes seguir (movimientos correctos). Cuando hayas leído el capítulo, concéntrate en las tareas y situaciones más habituales para ti, especialmente en las que suelen provocarte más dolor.

LEVANTARSE POR LAS MAÑANAS

Antes de salir de la cama

Si sientes que tu cuerpo por la mañana está especialmente rígido, tenso, hundido o pesado, te irá muy bien realizar ejercicios respiratorios y algunos movimientos suaves y sencillos antes incluso de levantarte de la cama. Esto te servirá para lubricar las articulaciones, ventilar los pulmones y preparar tu estructura para toda la actividad que tendrá que realizar. Este proceso se da de forma natural cuando te estiras y bostezas. Un hábito correcto será añadir también, antes de levantarte, algún otro estiramiento suave y correctivo y algunas respiraciones profundas.

- Evita levantarte con la espalda hundida y curvada: si duermes hecho un ovillo y/o te sientes doblado y con la espalda encorvada cuando tratas de ponerte en pie por la mañana (véase la figura 4.1), antes de incorporarte tómate unos instantes para estirar el cuerpo

tumbado en la cama. Si no quieres levantarte encorvado y deambular así hasta media mañana, intenta hacer alguno de los siguientes movimientos antes o inmediatamente después de ponerte en pie (véase la figura 4.2):

—posición de descanso tumbado boca arriba en extensión (véase la página 33),
—tumbado boca abajo (véase la página 34),
—tumbado boca abajo sobre los codos (véase la página 35),
—flexiones (véase la página 167),
—rotaciones de columna (véanse las páginas 163-164).

Figura 4.1

Figura 4.2

- Evita levantarte con las caderas y la zona lumbar rígidas y tensas (véase la figura 4.3): si tienes tendencia a dormir tumbado boca arriba o boca abajo con las piernas estiradas o simplemente notas que te cuesta doblarte hacia adelante o ponerte recto por culpa de la rigidez/tensión que hay en la zona lumbar y las caderas, tómate un momento para desentumecerte con suavidad. Esto te ayudará a poner la espalda recta de pie y a inclinarte hacia adelante con menos tensión y dolor. Intenta hacer alguno de los movimientos que a continuación se enumeran antes o justo después de ponerte en pie (véase la figura 4.4):

Figura 4.3

—rodillas al pecho (véanse las páginas 165-166),
—estiramiento de los músculos flexores de cadera (véanse las páginas 174-175),
—isométrico de los abdominales inferiores (véase la página 184).

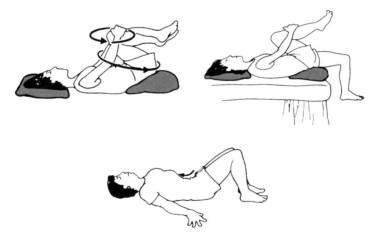

Figura 4.4

- Si te notas el cuello o los hombros rígidos, sobrecargados o tensos cuando te levantas de la cama, prueba alguno de los siguientes ejercicios (véase la figura 4.5):

—estiramiento y descompresión cervical (véanse las páginas 46-48),

—relajación cervical (véanse las páginas 159-162),
—rotaciones de columna (véanse las páginas 163-164).

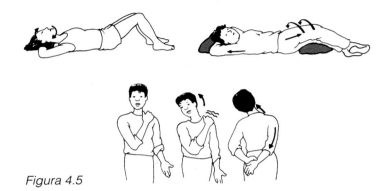

Figura 4.5

Sentarse

- Evita hacer esfuerzos para levantarte (véase la figura 4.6): no intentes incorporarte levantando la cabeza y la columna directamente contra la fuerza de la gravedad. Evita tensar los músculos anteriores del cuello y el abdomen para subir; esto simplemente tensa los tejidos blandos de estas áreas y comprime las articulaciones —¡oh!

Figura 4.6

- Utiliza la gravedad y la inercia para incorporarte y sentarte. Prueba el giro de tronco (véase la figura 4.7): consiste en girar la cabeza, el cuello, la espalda, la pelvis y las piernas simultáneamente de manera que entre dichas zonas se produzca una suave rotación. Mantén la respiración y los músculos de la columna relativamente relajados; no tenses los músculos del cuello ni los del abdomen. Por el contrario, deja que el giro sincronizado de tu cuerpo a favor del peso y la gravedad hagan el trabajo. El peso de tus piernas es como el «peso de un ancla»; deja que su descenso hacia el suelo te empuje a ti hacia arriba mientras, simultáneamente, te empujas con las manos para incorporarte. Mientras bajas las piernas, mantén el cuerpo dirigido hacia la cama, donde están apoyadas tus manos —de otra forma la gravedad tenderá a hacerte caer sobre tu espalda—. Este método se puede hacer despacio si se sienten molestias o incomodidad o se puede hacer muy deprisa si uno se siente bien. Tanto de una forma como de otra, este movimiento correcto evita sobrecargar la columna y constituye una manera muy eficaz de incorporarse para sentarse.

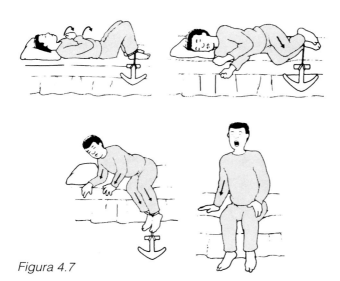

Figura 4.7

Ponerse de pie

Esto implica pasar de la posición de sedestación a la posición de bipedestación. Por la mañana, la columna y la pelvis suelen tener dificultades para cambiar de posición. Después de haber estado relativamente inmóvil durante toda la noche, intentar ponerte de pie así, sin más, puede resultar un *shock* desagradable.

Movimientos incorrectos (véase la figura 4.8)

- Evita sentarte en el borde de la cama con la espalda curvada, especialmente si el colchón es blando y tiendes a hundirte en él.
- Evita encorvarte hacia adelante al ponerte de pie. Intenta no curvar la zona lumbar ni dejar caer hacia adelante la cabeza antes de hacer el esfuerzo de ponerte de pie. (Recuerda que, si miras al suelo, tenderás a doblarte demasiado hacia adelante.)

Figura 4.8

Movimientos correctos (véase la figura 4.9)

- Intenta sentarte recto y arquear la zona lumbar suavemente hacia adelante y hacia arriba antes de levantarte.

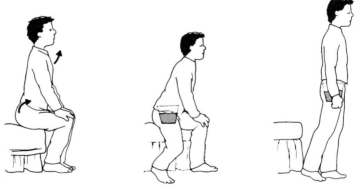

Figura 4.9

- Pon un pie debajo de ti. Mantén la pelvis nivelada mientras estiras simultáneamente las piernas y trasladas tu peso del pie de atrás al de delante.

Nota: si tienes dificultades para ponerte de pie porque tu cama es demasiado baja y/o blanda, pon una tabla debajo del colchón o cambia éste por otro nuevo para tener una «plataforma de lanzamiento» firme.

LAVARSE Y VESTIRSE

En el retrete

Movimientos incorrectos

- Evita hundir la espalda, hacer esfuerzos y aguantar la respiración (véase la figura 4.10). Empujar para evacuar con la espalda encorvada es un movimiento especialmente perjudicial para la zona lumbar.
- Evita apretar la mandíbula y tensar el cuello y los músculos faciales. Estos hábitos comunes añaden tensión dolorosa a la región cervical.
- Evita aguantar la respiración. Esto provoca un aumento de la tensión en todo tu sistema.

Figura 4.10

Movimientos correctos (véase la figura 4.11):

- Recoloca la pelvis para mantenerte recto y relajado (véanse las páginas 71-72). Apóyate también sobre las manos para favorecer este movimiento.
- Realiza algunas respiraciones purificadoras o simplemente mantén una respiración tranquila. Al expulsar el aire afloja toda tensión muscular.
- Ponte de pie empujándote con piernas y brazos y con la espalda recta y alta, es decir, sin doblarte hacia adelante al intentar levantarte.
- Durante los períodos de dolor agudo en la zona lumbar, eleva mediante un adaptador el asiento del retrete si sientes dolor al sentarte en él o al intentar ponerte de pie.

Figura 4.11

Ante la pila del lavabo

Movimientos incorrectos (véase la figura 4.12)

- Evita inclinarte de forma incorrecta, especialmente curvando la espalda o inclinándola hacia adelante con las piernas estiradas y sin el apoyo de los brazos.
- Evita alargar hacia adelante el cuello y la barbilla de forma exagerada e innecesaria al afeitarte, maquillarte o lavarte los dientes delante del espejo.
- Evita tensar y arquear hacia arriba el cuello cuando te inclines sobre la pila para enjuagarte.

Figura 4.12

Movimientos correctos

- Cuando te afeites, maquilles o laves los dientes, apóyate, como mínimo, sobre una mano; eleva un pie; nivela la pelvis contrayendo los glúteos y los músculos abdominales inferiores (véase la página 90) o colocando un peldaño debajo o al lado de la pila; utiliza un espejo que se pueda mover o cambia de sitio (siéntate al lado o colócate de pie al lado de la pila con el espejo abierto hacia tu lado; de esta manera no tendrás que alargar el cuello ni inclinarte sobre la pila) (véase la figura 4.13).

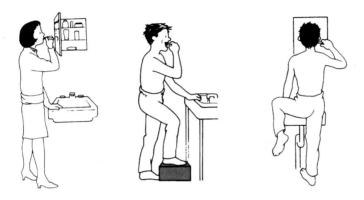

Figura 4.13

- Cuando te inclines hacia adelante para enjuagarte, separa los pies una distancia mayor que la anchura de tus hombros; apóyate, como mínimo, sobre una mano; flexiona las rodillas o utiliza el método de la grúa (es decir, subir y bajar el cuerpo doblándote desde las caderas y no desde la espalda y manteniendo ésta recta) (véase la figura 4.14).

Figura 4.14

- Cuando estornudes, tosas, te aclares la garganta o te suenes la nariz, evita tensarte e inclinarte enérgicamente con movimientos violentos a modo de latigazos, puesto que esto sobrecarga la cabeza, el cuello y la zona lumbar (véase la figura 4.15).

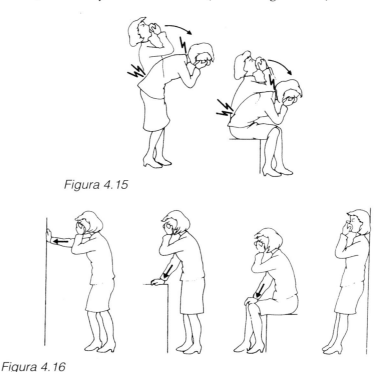

Figura 4.15

Figura 4.16

Por el contrario, trata de estabilizarte en una posición erguida con un brazo apoyado en la pila o la pared. Cuando te suenes la nariz, apoya la espalda contra una pared para evitar inclinarte hacia adelante; deja que la fuerza de la tos o del estornudo se propague por tu brazo extendido en vez de hacerlo por tu cuello y espalda (véase la figura 4.16).

En la ducha

Movimientos incorrectos (véase la figura 4.17):

- Evita inclinarte hacia adelante mientras te lavas y te secas por delante.

- Evita curvar la espalda para ajustar los grifos, recoger el jabón o lavarte/secarte las piernas sin apoyarte sobre las manos.
- Evita girar la cabeza hacia atrás para hacer intencionadamente que tu cuello cruja.

Figura 4.17

Movimientos correctos (véase la figura 4.18)

- Mantén la cabeza, el tronco y la pelvis con una alineación erguida y relajada mientras te lavas y secas; alarga los brazos en vez de girar y doblar el tronco y flexiona las rodillas para poner la cabeza debajo del chorro.

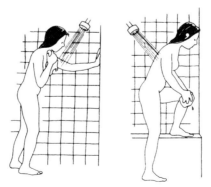

Figura 4.18

Figura 4.18 (continuación)

- Cuando te laves y seques las piernas y los pies, apoya un pie sobre el borde de la bañera; descarga parte de tu peso sobre los brazos y agáchate flexionando la pierna que está de pie. Mantén el pecho arriba y el cuello relajado.
- Prueba las duchas de hidromasaje, el automasaje, hacer estiramientos y ejercicios de relajación y el balsámico calor de la ducha para reducir la tensión muscular y la rigidez (véanse las páginas 56-60, 157-179).

En la bañera

Movimientos incorrectos (véase la figura 4.19)

- Evita permanecer tumbado durante mucho rato con la columna encorvada o redondeada o con el cuello excesivamente arqueado hacia atrás sobre el borde de la bañera.
- Evita doblarte hacia adelante para lavarte los pies con las piernas estiradas y la espalda encorvada.

Figura 4.19

Movimientos correctos (véase la figura 4.20)

- Colócate en la bañera con una alineación más recta y relajada. Hay a la venta apoyos para el cuello y la zona lumbar especiales para la bañera, pero, si no dispones de ellos, también puedes utilizar toallas enrolladas y colocarlas detrás de tu zona lumbar, cuello o cabeza. En primer lugar, debes recolocar la pelvis (véanse las páginas 71-72) y luego ponerte la toalla detrás.
- Para lavarte las piernas y los pies, acércalas a tu cuerpo de forma alterna, mientras permaneces relajado y con la espalda bien apoyada.

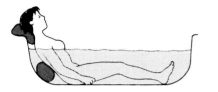 

Figura 4.20

Mientras te vistes

Movimientos incorrectos (véase la figura 4.21)

- Evita encorvar la espalda sin apoyo alguno al coger los zapatos del suelo o al buscar en cajones bajos.
- Evita curvar o hundir la espalda y/o dejarla sin apoyo al ponerte los calcetines, medias o pantalones.

Figura 4.21

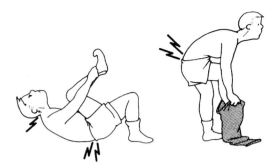

Figura 4.21 (continuación)

Movimientos correctos (véase la figura 4.22)

- Si quieres vestirte sentado, siéntate en una silla que tenga el asiento firme; si te sientas en el borde de la cama, elévalo y ponlo firme sentándote sobre una almohada. Para ponerte los zapatos y los calcetines, mantén la espalda recta, levanta el pie acercándotelo y cruza la pierna sobre la otra o apoya el talón sobre el borde del asiento.
- Si quieres inclinarte hacia adelante, dóblate por las caderas (y no por la columna), de manera que la zona lumbar quede relativamente recta, y apóyate sobre un brazo.
- Cuando te vistas de pie, apoya la espalda contra una pared o un mueble para evitar parte de la compresión y la tensión que conlleva curvarla hacia adelante. Trata de levantar las piernas para ponerte los pantalones o la falda (en vez de doblar la espalda hacia adelante y abajo).
- Si te pones los zapatos y calcetines de pie, pon los pies sobre un taburete o la cama y descarga parte de tu peso sobre un brazo.
- Durante los episodios de mayor dolor, inclinarte hacia adelante para vestirte puede agravar significativamente tu dolor lumbar. Si es éste tu caso, intenta vestirte parcialmente la mitad inferior del cuerpo tumbado sobre la espalda.

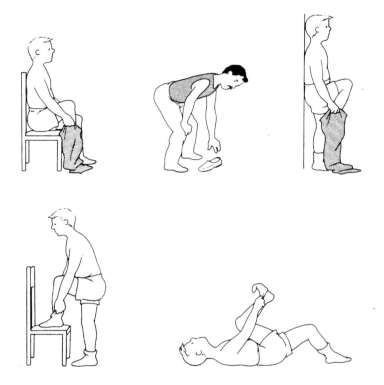

Figura 4.22

DESPLAZARSE DE UN SITIO A OTRO

Viajar diariamente en coche implica tener que estar sentado durante un tiempo considerable, por lo que debes revisar el apartado «Cómo sentarse» del capítulo 3. A continuación se hacen otras recomendaciones específicas sobre cómo viajar en coche:

- Intenta mantenerte relajado y con la espalda recta: deberías hacer ahora mismo el movimiento clave para ello e ir repitiéndolo durante todo el trayecto. Este movimiento equivale a recolocar la pelvis (véanse las páginas 71-72) y lo puedes realizar con las posiciones de sentado recto e inclinado hacia atrás o inclinado hacia adelante.

   La posición de sentado y tendido hacia atrás y arriba (véase la página 73) te permite relajar la espalda en una posición ligeramente reclinada. Eleva un poco el asiento para que puedas llegar a los pedales fácilmente y reclina el respaldo entre 5-15 grados. Ocasionalmente, estira los brazos empujándolos contra el volante (si estás conduciendo) o sobre tus muslos (si vas de acompañante). Esto ayuda a descomprimir la zona lumbar y la pelvis. Arquea hacia adelante la zona lumbar de forma periódica, como queriendo despegarla del respaldo (véase la figura 4.23).

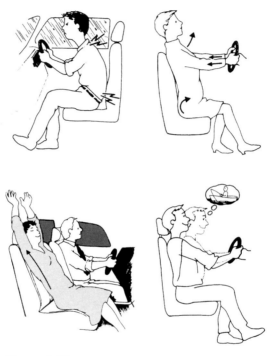

Figura 4.23

Utiliza la posición de sentado recto e inclinado hacia adelante (véase la página 74) cuando sientas que necesitas disminuir la presión del respaldo sobre tu espalda. También resulta útil cuando estás metido en un atasco o cuando hay visibilidad reducida. Para descomprimir y relajar todavía más la zona lumbar, puedes levantarte ligeramente del asiento apoyándote en el volante con el fin de descargar la columna (reserva este movimiento para cuando estés parado ante un semáforo) (véase la figura 4.24).

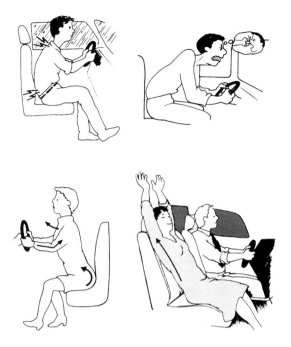

Figura 4.24

- Si notas que te pones tenso o que tu dolor aumenta por culpa de los baches de la carretera o por una conducción brusca, recoloca la pelvis en una posición recta e inclinada hacia adelante y usa los brazos a modo de amortiguadores de los impactos poniendo las manos sobre los muslos o sobre el asiento contiguo. Esto disminuirá la fuerza del impacto transmitida a tu columna. Deja que tu cuerpo oscile lenta y suavemente con el bache o la conducción brusca (como una gigantesca figura de gelatina); no intentes mantenerte rígido, puesto que esto aumentará la repercusión y la irritación.
- Cuando viajes en tu propio coche o en avión, valora la necesidad de mejorar tu apoyo. Por ejemplo, si, cuando te relajas o te dejas ir, tu espalda se hunde, te irá bien nivelar el asiento (véase la página 76), utilizar un soporte lumbar (véanse las páginas 77-79) y/o descargar tu columna haciendo uso de los reposabrazos. Guarda en el coche los soportes o llévatelos al avión por si acaso los necesitas.
- Evita tener la cabeza girada hacia un lado durante mucho rato. Esto tiende a comprimir las articulaciones cervicales y a tensar los

músculos del lado hacia donde diriges tu mirada. Si te sucede esto, siéntate bien recto con la barbilla metida hacia dentro, gira suavemente la cabeza hacia el lado contrario durante unos segundos y haz una respiración purificadora. Esto, generalmente, te «recoloca» y te proporciona un alivio inmediato.

- Cuando el tráfico lo permita, utiliza una mano para hacerte un masaje tú mismo en aquellas zonas del cuello y parte superior de los hombros que estén rígidas y sensibles (véase la figura 4.25; véanse las páginas 58-60). Cuando te pares, mueve la cabeza circularmente y realiza algunas respiraciones purificadoras para relajar la tensión que quede.

Figura 4.25

- Evita adoptar una alineación incorrecta al dormitar y/o leer en el autobús o el tren. Ponte bien y utiliza soportes (carteras, bolsas, etc.) para poder relajarte con una buena alineación.
- Ponte recto, estírate y camina desde el medio de transporte hasta tu lugar de trabajo. Con un poco de atención y esfuerzo podrás convertir este hecho cotidiano en una parte efectiva de tu plan de ejercicios. Podrás alargar, estirar y ventilar tu cuerpo antes de llegar a tu lugar de trabajo si bajas del autobús o dejas el coche unas cuantas calles antes y caminas. Lleva zapatos cómodos y que te proporcionen un buen apoyo. Procura mantenerte relajado y caminar de manera correcta (véase el apartado «Cómo caminar» del capítulo 3).

EN LA OFICINA O EL COLEGIO

Tanto el trabajo en la oficina como en el colegio implica, básicamente, tener que estar sentado y, con frecuencia, una buena dosis de estrés. Así pues, para mantener el cuerpo equilibrado deberás: a) utilizar diferentes maneras de sentarte correctamente; b) hacer pausas en tu trabajo para ponerte de pie, estirarte y caminar; y c) hacer de vez en cuando respiraciones purificadoras y algún descanso mental. Puedes repasar estos métodos en el apartado «Cómo sentarse» del capítulo 3. En este capítulo encontrarás más recomendaciones al respecto; céntrate en las que te parezcan más adecuadas a tu caso.

Leer, escribir, trabajar con el ordenador, hacer fotocopias, etc.

• Evita mantener durante mucho rato la cabeza inclinada hacia abajo (véase la figura 4.26): tanto si estás sentado con la espalda encorvada como si la mantienes recta y erguida, trabajar mirando lo que se hace sobre una superficie plana que además resulta ser demasiado baja o tener los materiales situados demasiado cerca del borde te hace inclinar la cabeza y el cuello hacia adelante y hacia abajo de forma excesiva.

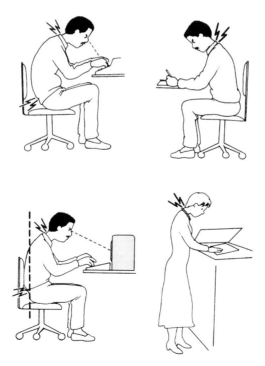

Figura 4.26

- Recolócate: cuando te sientes, el primer paso para hacer que tu cabeza se mantenga centrada es recolocar tu pelvis (véanse las páginas 71-72). Si te sientas con la silla puesta de lado con respecto a la mesa, tendrás donde apoyar el brazo y liberarás en parte tu espalda de las fuerzas que la doblan hacia adelante.
- Considera el uso de un atril o una tabla inclinada para proteger tu cuello (véase la figura 4.27): con solo elevar e inclinar la superficie sobre la que escribes o lees y/o el teclado de tu ordenador, podrás disminuir el grado de inclinación anterior de tu cabeza. Las tablas inclinadas, al permitir una posición más centrada de la cabeza, pueden reducir significativamente la tensión muscular y articular. Coloca tus cosas sobre una amplia carpeta de tres dedos de altura; incluso esta discreta inclinación suele ser suficiente para notar diferencias positivas. Generalmente se pueden encontrar tablas inclinadas en tiendas especializadas en bellas artes y diseño, en catálogos de auto-ayuda o dirigiéndose a departamentos de terapia ocupacional.

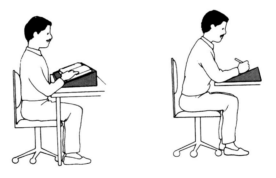

Figura 4.27

- Si has estado ya mucho rato sentado, busca un archivador o un mostrador alto (de la altura de tus hombros o pecho) sobre el que puedas apoyar los brazos para leer o escribir cómodamente de pie durante unos minutos.
- Considera el uso de reposapiés: si al querer apoyar la espalda en el respaldo de la silla de tu oficina ves que tus pies no tocan el suelo, definitivamente necesitas un reposapiés o, mejor todavía, una silla de altura regulable. Cuando tus pies están colgando, los músculos de la columna se activan y aparece, como resultado, el dolor en el cuello o en la espalda. El reposapiés debe tener la suficiente altura como

para permitir el apoyo de los pies, pero no debe
hacer que las rodillas queden mucho más altas
que las caderas. Si el tuyo tiene la altura adecuada, enseguida te notarás más cómodo. Nota: si
usas una silla de respaldo poco firme, la utilización de un reposapiés favorecerá el hundimiento de tu espalda; en este caso, deberás recolocar
la pelvis y poner un soporte detrás.

- Apoya la cabeza para relajar el cuello (véase la figura 4.28): si apoyas la cabeza en la mano, los
músculos cervicales se aflojan, lo cual descarga
las articulaciones. Esto te puede ir bien cuando
tengas que estar sentado durante mucho rato leyendo o escribiendo.

Figura 4.28

- Evita el uso prolongado de pantallas de ordenador que desvían al
cuello de su correcta alineación (véase la figura 4.29): si la pantalla
está demasiado baja, tu cabeza y tu tronco se inclinarán hacia adelante y hacia abajo (problema más común). Si está demasiado alta,
tu cabeza se desplazará hacia adelante y la parte superior del cuello
se arqueará hacia atrás. Si está demasiado desplazada hacia un lado,
habrá compresión articular y rigidez muscular del mismo lado hacia donde estás girado. Si combinas cualquiera de estas problemáticas posturas con una pantalla que está tan alejada que no te permite una buena visibilidad, todavía aumenta más la probabilidad
de sufrir dolor de cabeza, cervical, en los hombros y/o lumbar.

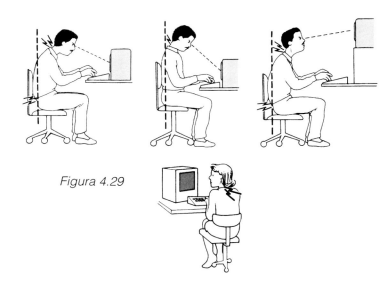

Figura 4.29

- Coloca mejor la pantalla del ordenador (véase la figura 4.30): en primer lugar, recoloca la pelvis (véanse las páginas 71-72) y adopta una posición erguida, cómoda y relajada. Luego sitúa la pantalla del ordenador de manera que no tengas que inclinarte, girarte o desviar la cabeza fuera de su alineación. Si está demasiado baja, elévala hasta la altura de tus ojos para que puedas sentarte con la espalda recta y relajada; si está demasiado alta, colócala más abajo de forma que tu barbilla no sobresalga hacia adelante. La pantalla debe estar justo enfrente de ti o desplazada no más de algunos grados hacia un lado. Si prefieres tenerla discretamente descentrada, procura ponerla al lado contrario de donde tienes y sueles coger el teléfono. Asegúrate de que la pantalla está lo suficientemente cerca de ti como para no tener que alargar o desplazar la cabeza hacia adelante para leerla.

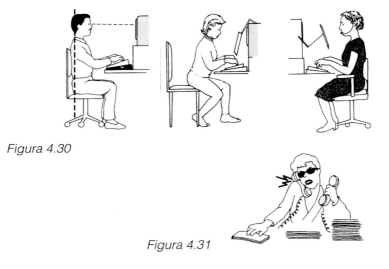

Figura 4.30

Figura 4.31

- Evita «retorcer» el cuello para sujetar el teléfono (véase la figura 4.31): sujetar el teléfono contrayendo el cuello y los hombros se suele hacer para poder tener las manos libres. Si este gesto se repite constantemente, el dolor aumenta o se genera en la zona del cuello/cabeza y/o en los hombros.
- Prueba alguna de las siguientes alternativas para coger el teléfono (véase la figura 4.32):

  —sujeta el auricular con una mano mientras escribes con la otra; procura mantener relajados tanto el hombro como ese lado del cuello (no intentes aguantar el teléfono ni con el hombro ni con el cuello);

—utiliza soportes comercializados para el teléfono que se adaptan al auricular. Estos artículos son baratos y ayudan a estabilizar el auricular sobre tu hombro de manera que no necesites contraerlo para que el auricular se mantenga pegado a tu oreja y a tu boca;

—en algunos casos, los teléfonos con altavoz o los teléfonos manos libres resultan prácticos y efectivos. Realmente permiten tener las manos libres, pero tienden a ser más caros y aparatosos.

Figura 4.32

- Evita inclinarte o colgarte sobre ficheros, mesas o mostradores: cuando busques o coloques fichas en el cajón de abajo de un archivador evita inclinarte por encima de él o permanecer doblado por la cintura sin apoyarte, como mínimo, sobre uno de tus brazos.
- Inclínate de forma correcta: cuando te inclines sobre la mesa o cuando tengas que alcanzar cajones bajos, apóyate sobre uno de tus brazos para evitar sobrecargar la zona lumbar. Si tienes que pasarte un buen rato inclinado sobre un fichero bajo, arrodíllate o traslada parte de tu peso sobre un brazo.

Estirarse en la mesa de trabajo

Estos ejercicios tienen como objetivo mejorar la alineación de la columna y de las distintas partes del cuerpo, ventilar todo el sistema y relajar toda la tensión muscular acumulada. Pruébalos y pon en práctica los que te vayan mejor.

Figura 4.33

Figura 4.34

- BASCULACIÓN DE LA PELVIS Y ELEVACIÓN DE LA CABEZA Y EL PECHO (véase la figura 4.33): resulta adecuado hacerlo aproximadamente una vez por cada hora que permaneces sentado. Es especialmente recomendable hacerlo antes de ponerse de pie (véanse las páginas 79-80).

- SENTADO TENDIDO HACIA ATRÁS Y ARRIBA (véase la figura 4.34): recoloca la pelvis en el borde del asiento; échate hacia atrás sobre el respaldo y deja que la zona lumbar se arquee hacia adelante al tiempo que estiras los brazos por encima de tu cabeza; mete suavemente la barbilla hacia dentro, pero deja que tu cabeza se incline hacia atrás con el tronco (tu mirada quedará dirigida hacia el techo que está en frente de ti, pero tu cuello no quedará arqueado hacia atrás); realiza algunas respiraciones purificadoras mientras alargas todo tu cuerpo.

- RELAJACIÓN DE LA COLUMNA HACIA ADELANTE EN SEDESTACIÓN (véase la figura 4.35): puedes hacer este ejercicio cuando el cuello o la espalda empiecen a molestarte por estar manteniendo su musculatura constantemente en tensión al permanecer inmóvil ante tu escritorio demasiado tiempo seguido (sedestación tensa).

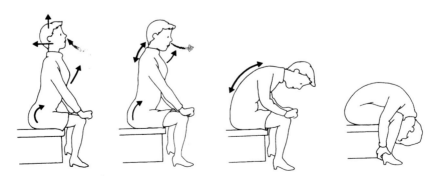

Figura 4.35

Siéntate bien con una alineación recta y relajada y con las manos apoyadas sobre los muslos para descargar parcialmente la columna. Realiza una respiración purificadora. Al expulsar el aire deja que tu cabeza se relaje poco a poco hacia adelante. A medida que ésta va cayendo, piensa que las vértebras de tu columna son como los eslabones de una cadena y deja que cada eslabón se relaje hacia abajo uno tras otro. Detén tu descenso cuando necesites inspirar o cuando la sensación de estiramiento sea fuerte pero productiva. Entonces deja que tu cuerpo se eleve un poco al inspirar y que descienda relajadamente algo más que antes al soltar el aire. Continúa con este ciclo de respiración-relajación a medida que te vas inclinando, con la parte inferior del cuello, la zona dorsal y la lumbar cada vez más relajadas; descarga sobre tus brazos el suficiente peso como para que puedas aflojar tus tensiones cómoda y fácilmente.

Empújate con los brazos para colocarte de nuevo en la posición de partida.

Nota: puedes hacer cada zona de la espalda por separado (es decir, cuello, zona dorsal y zona lumbar) en vez de hacerlo todo en conjunto.

PRECAUCIÓN: si notas que este ejercicio te provoca un aumento del dolor en el brazo, glúteos o pierna, no lo repitas. Describe estos síntomas a tu médico o fisioterapeuta.

* DESCANSAR SOBRE LA MESA (véase la figura 4.36): aparta la silla de la mesa; recoloca la pelvis; apoya los brazos sobre la mesa y deja que tu cabeza descanse sobre tus antebrazos; deja que la espalda se estire y afloje arqueándose cómodamente hacia adelante y realiza algunas respiraciones calmantes.

* RELAJACIÓN DE LA COLUMNA ROTÁNDOLA EN SE-DESTACIÓN (véase la figura 4.37): después de estirar y de colocar recta la espalda sobre la silla, lleva un brazo por fuera de la rodilla contraria y gira el cuerpo de manera que puedas poner el otro brazo por detrás del respaldo de la silla. Suavemente ve rotando en la misma dirección la cabeza, los hombros y la columna tanto como puedas (manteniendo las rodillas al frente) hasta sentir un estiramiento suave y agradable. Párate y haz una respiración purificadora. Al expulsar el aire deja que los brazos roten un poco más la columna si tu movilidad lo permite. Repite esta secuencia de respiración-movimiento de 1 a 3 veces antes de volver lentamente a la posición de partida para repetir el ejercicio en sentido contrario.

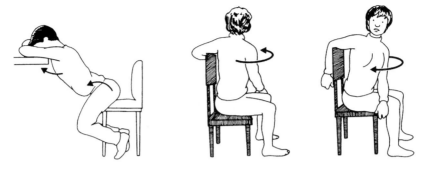

Figura 4.36   Figura 4.37

- **INCLINACIÓN POSTERIOR** (véase la figura 4.38): después de haber estado sentado durante más de una hora, la inclinación posterior te ayudará a lograr ponerte de pie (véase la página 35).

- **RELAJACIÓN, ESTIRAMIENTO Y DESCOMPRESIÓN CERVICAL Y AUTOMASAJE** (véase la figura 4.39): durante o después de realizar actividades en las que debes mantener la cabeza inmóvil (escribir a máquina, leer, etc.), te irá bien tomarte un momento para hacer estiramientos suaves combinados con respiraciones purificadoras y calmantes.

Figura 4.38

Figura 4.39

TAREAS DEL HOGAR Y JARDINERÍA

Estas tareas implican, básicamente, inclinarse, incorporarse y movimientos repetitivos. Con un poco de atención y algunas mejoras en tu postura, estas actividades se pueden convertir en una forma de ejercicio eficaz y valiosa. Retrocede hasta el apartado «Cómo agacharse y levantarse» del capítulo 3 para revisar algunos de los movimientos correctos e incorrectos asociados con estas tareas comunes.

Tareas del hogar

Pasar el aspirador

Evita el método Neanderthal (véase la figura 4.40): con frecuencia, pasar el aspirador pone de manifiesto tu peor alineación, ya sea porque curvas la espalda, ya sea porque la arqueas excesivamente. Fíjate en ello y reduce estas incorrectas posturas intentando las siguientes alternativas:

- LA EMBESTIDA (véase la figura 4.41): coloca un pie delante del otro y separados entre sí y adopta una postura de esgrima, con una rodilla flexionada hacia adelante. De esta manera podrás moverte hacia adelante y hacia atrás en varias direcciones. Cuando des un paso al frente, alarga hacia adelante la boca del aspirador. Mantén nivelado el «cubo» pélvico. Coloca tu otra mano sobre la cadera o el muslo para descargar parcialmente la zona lumbar y para poder mantenerte recto con más facilidad. Trata de cambiar el aspirador de mano de vez en cuando.

Figura 4.40

Figura 4.41

Figura 4.42

- ARRODILLARSE CON UNA O LAS DOS RODILLAS (véase la figura 4.42): estos métodos descienden tu centro de gravedad y, automáticamente, suprimen parcialmente la necesidad de inclinar el cuerpo. Pruébalos a modo de posturas alternativas durante algunos minutos. ¡Son realmente cómodas!

Limpiar y sacar el polvo (véase la figura 4.43)

Intenta arrodillarte con ambas o sólo con una de las rodillas cuando tengas que limpiar superficies bajas. Apoya el brazo inactivo sobre tu cuerpo o sobre un mueble para trasladar sobre él parte de tu peso y descargar así la columna.

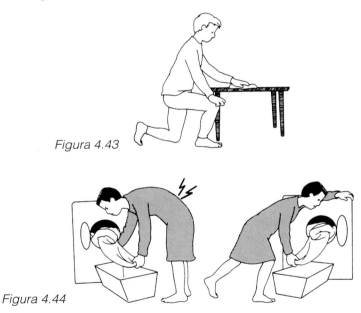

Figura 4.43

Figura 4.44

Hacer la colada (véase la figura 4.44)

Evita sobrecargar la cesta de la ropa. No hundas ni arquees excesivamente la espalda al cargar la ropa, levantarla y transportarla. Sácala de la lavadora con una mano mientras te apoyas con la otra. Adopta una alineación correcta exagerada cuando levantes y transportes la carga.

Lavar los platos, planchar, limpiar los cristales (véase la figura 4.45)

Estas tareas son parecidas entre sí en cuanto a que las tres implican estar de pie durante un rato con la espalda ligeramente inclinada hacia adelante. Pon un pie sobre una caja o un taburete o sobre la repisa que hay debajo del fregadero para que puedas mantener bien nivelado el «cubo» pélvico; y/o contrae los músculos glúteos y abdominales bajos para mantener la pelvis estable, nivelada y firme arriba. Para aquellas tareas en las que sólo utilices una mano, apóyate sobre la que tienes libre para descargar parcialmente la columna.

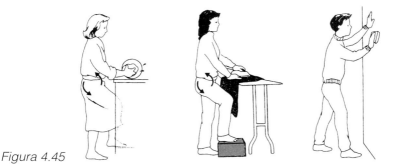

Figura 4.45

Hacer la cama

- Evita inclinarte sobre la cama con la espalda hundida o arqueada. Cuando intentes llegar al centro de la cama, apóyate en la misma trasladando sobre un brazo parte de tu peso.
- Alisa las sábanas y remete las esquinas arrodillado sobre una almohada. ¡Esto hará que tu trabajo sea mucho más fácil!

Jardinería

Cortar el césped (véase la figura 4.46)

Esta tarea puede fortalecerte mucho. Mantén una alineación correcta y una respiración tranquila. Evita curvar o arquear excesivamente la zona lumbar y mantén la pelvis nivelada (véase la página 90). Si la vibración de la segadora agrava tus síntomas, ponte unos guantes gruesos o aísla el mango con espuma.

Figura 4.46

Trabajar directamente sobre el suelo
(plantar, escardar, arreglar borduras) (véase la figura 4.47)

Agáchate de forma correcta. Intenta también arrodillarte con ambas rodillas o sólo con una y sentarte sobre los talones. Hay varios útiles de jardinería que pueden ayudarte a adoptar estas posiciones proporcionándote apoyo para las rodillas y algo con que empujarte tanto para subir como para bajar (un cojín viejo y una estaca te harán prácticamente el mismo servicio). Recuerda que, cuando termines la tarea y después de haber estado un rato en dicha posición, debes ponerte de pie, estirarte hacia arriba y atrás y caminar.

Figura 4.47

Figura 4.47 (continuación)

Barrer/rastrillar (véase la figura 4.48)

Estas actividades son, por encima de todo, fortalecedoras. Adopta una postura con una base de sustentación exageradamente grande (pies muy separados) y mantén la cabeza, hombros, pelvis y pies bien equilibrados uno sobre otro y encarados en la misma dirección (esto asegura una rotación mínima o nula). Alarga y arrastra con las piernas y los brazos, no con la espalda. Rastrilla y barre en distintas direcciones pivotando sobre la pierna de atrás y moviendo todo tu cuerpo como si fuera un todo único y relajado. Evita mirar hacia abajo acercando la cabeza a los pies; rastrilla/barre a una distancia de unos 30-60 centímetros por delante de tus pies. Después de barrer o rastrillar, haz los ejercicios de estiramiento y descompresión cervical y relajación cervical (véanse las páginas 46-48 y 159-162) durante un rato si te notas el cuello rígido. Los rastrillos especialmente diseñados con una angulación en el mango hacen que no necesites inclinarte tanto, por lo que deberías valorar su uso.

Figura 4.48

Alargar el cuerpo hacia arriba para pintar, podar, limpiar ventanas (véase la figura 4.49)

Estas actividades pueden ser un buen ejercicio para fortalecer la parte superior de la espalda, los brazos y los músculos abdominales. Súbete a una escalera o taburete para no arquear hacia adelante la zona lumbar y evitar que sobresalgan el abdomen y los glúteos; mantén el pecho arriba, la pelvis nivelada y la cabeza y el cuello en una posición neutra. Si después de hacer estas actividades sientes molestias, realiza los ejercicios de rodillas al pecho, estiramiento y descompresión cervical y/o el de relajación cervical (véanse las páginas 165-166, 46-48, 159-162).

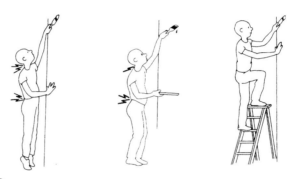

Figura 4.49

Cavar agujeros/excavar en la nieve (véase la figura 4.50)

PRECAUCIÓN: estas actividades conllevan un alto riesgo de empeoramiento o reaparición de la mayoría de los problemas cervicales y lumbares; *no* son una buena forma de ejercicio. Si tienes que llevar a cabo estas actividades, evita curvar la espalda e intentar levantarte con ella curvada. Separa las piernas colocando un pie delante y otro detrás y traslada sobre tus piernas el peso de tu cuerpo. Mantén el pecho arriba y los glúteos afuera: de esta manera quedas agachado con las rodillas flexionadas en vez de doblado hacia adelante. Cuando empieces a cansarte o a estar dolorido, ¡para! Estírate hacia arriba y hacia atrás, camina y espera un rato antes de decidir si debes continuar (si tu dolor no ha desaparecido totalmente en el transcurso de unos minutos, paga a los hijos de tu vecino para que terminen el trabajo por ti). Hay palas para la nieve especialmente diseñadas con el mango torcido que facilitan la tarea.

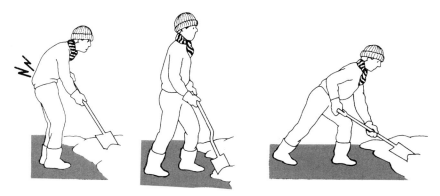

Figura 4.50

Lavar el coche (véase la figura 4.51)

Constituye un buen ejercicio para fortalecer los brazos y las piernas si procuras hacerlo adoptando formas correctas de inclinarte. Son especialmente útiles las formas de agacharse y levantarse a modo de grúa (véase la página 109), flexionar las rodillas y apoyarse sobre ambas manos. Mantén la zona lumbar relativamente recta y relajada y trabaja las piernas flexionándolas y trasladando tu peso de una a la otra.

Figura 4.51

VIAJES Y OCIO

Viajar

Hacer las maletas

• Haz la maleta sobre la cama o sobre un mueble, ¡no en el suelo! Pon un pie sobre la cama para doblar la ropa y meterla en la maleta.

- Procura que las distintas maletas pesen lo mismo y que ninguna pese demasiado.
- Lleva contigo «remedios» para aliviar el dolor —bolsas de frío, esterillas de calor, vibradores, equipos de TENS— si crees que alguno de ellos puede irte bien.

Levantar/transportar el equipaje

Considéralo como un entrenamiento de levantamiento de pesos, y evita, por lo tanto, los movimientos incorrectos que aparecen en la figura 4.52 y trata de adoptar una postura exageradamente correcta y los métodos para inclinarse hacia adelante, levantar y transportar pesos que aparecen en la figura 4.53.

Figura 4.52

- Utiliza un carrito portátil para las maletas. Ten cuidado con los carritos baratos: comprueba que el asa sea lo suficientemente larga como para que no tengas que inclinarte ni girarte de medio lado al arrastrar el carrito. Comprueba también que la rejilla pueda sujetar las maletas de forma segura y fácil. En la mayoría de aeropuertos se pueden alquilar carritos para maletas de tamaño normal.

- No intentes transportar o sacar las maletas del maletero hasta que no hayas caminado antes un poco.
- Si tu dolor empeora con facilidad, trata de encontrar a alguien para que te ayude, aunque tengas que pagar por su servicio.
- Evita caminar con tensión (véase la página 99), lo cual puede estar causado por el peso de las bolsas así como por el estrés del viaje. Haz algunas respiraciones purificadoras para poder relajar el exceso de tensión muscular.
- Si se te sobrecarga la espalda o la zona del cuello/hombros por haber cogido o transportado maletas, deberías estirarte o tumbarte en una posición de reposo y aplicarte hielo tan pronto como puedas.
- Lleva zapatos cómodos. Los zapatos blandos o endebles o con tacón alto, plano o duro no están hechos para el rigor atlético que exige transportar maletas, caminar y sortear gente en las terminales de hoy en día.

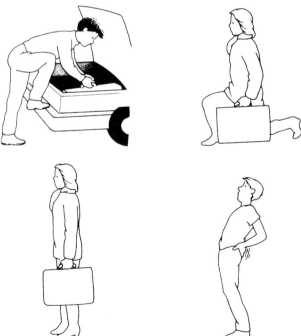

Figura 4.53

Cargar/descargar el coche (véase la figura 4.53)

Ésta es una actividad de alto riesgo. Procura ir con cuidado.

- Pon un pie en el parachoques o en el maletero. De esta forma, cuando levantes los bultos, simplemente transferirás tu peso del pie de delante al pie de atrás. Apóyate sobre el otro brazo para descargar todavía más la columna.
- Mantén la espalda relativamente recta (no dejes que se curve). Agáchate flexionando las rodillas o acercando una de ellas al suelo para coger las bolsas pequeñas.
- Procura llevar poco peso y repartido entre ambos brazos.
- Estírate hacia arriba y atrás después de dejar el equipaje en el suelo y, si te sientes cansado o dolorido, túmbate boca arriba o boca abajo en una posición de reposo y relajación.

Sentarse

Viajar suele implicar estar mucho tiempo sentado, por lo que debes repasar el apartado «Cómo sentarse» del capítulo 3.

- Muévete dentro de las alternativas correctas de sedestación recomendadas anteriormente (véanse las páginas 70-82).
- Lleva contigo, o pide, cojines para ponerte debajo, detrás de la espalda o como soportes cervicales. Si no puedes disponer de cojines, improvisa con piezas de ropa, revistas, etc.
- De vez en cuando, descarga la zona lumbar inclinándote hacia atrás, arriba y hacia adelante (véase la figura 4.54) o levantándote un momento del asiento cogido al asa o apoyándote sobre el reposabrazos o el volante. Haz una parada cada hora para ponerte de pie, estirarte y caminar.

Figura 4.54

- En vuelos o viajes en tren o en autocar de larga duración, levántate y camina hasta el aseo más alejado de ti; si no hay baches o turbulencias y las condiciones lo permiten, quédate un rato para estirarte y hacer unas cuantas respiraciones purificadoras.

Tiempo libre

Generalmente, en nuestro tiempo libre nos pasamos mucho rato sentados: en un restaurante, en el teatro, delante de una mesa de juego, en una silla frente al televisor y así sucesivamente. Procura poner en práctica las posiciones para estar sentado descritas en el capítulo 3 y ten presentes las siguientes consideraciones.

- La mayoría de las sillas de los restaurantes y teatros no ofrecen un apoyo adecuado a las zonas que lo precisan, por lo que al sentarte en ellas tiendes a hundirte o a ponerte rígido. Las mejores soluciones son recolocar la pelvis (véanse las páginas 71-72), utilizar otras formas correctas de sentarte, ponerte debajo o detrás de la espalda el abrigo, la cartera, el bolso, etc., a modo de soporte, y elegir asiento donde puedas levantarte sin molestar a los demás (véase la figura 4.55).

Figura 4.55

- Las posturas que adoptamos en nuestro tiempo libre pueden perjudicarnos en vez de relajarnos. Evita los asientos blandos del tipo sofá que hacen que te hundas. Evita también las superficies duras e inflexibles que hacen que te pongas tenso. Recoloca la pelvis de vez en cuando (véanse las páginas 71-72) y considera el uso de soportes para el asiento y la zona lumbar que te ayuden a mantener el cuerpo recto y cómodo (véase la figura 4.56).

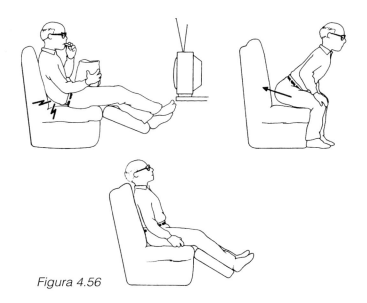

Figura 4.56

- Si estás leyendo, escribiendo o cosiendo sentado en una silla recli-
  nable, procura que tu pelvis esté bien colocada (véanse las páginas
  71-72) y pon sobre tu regazo un par de cojines grandes para elevar aquello a lo que estás mirando (véase la figura 4.57).

Figura 4.57

- Como una alternativa a estar siempre sentado, utiliza tu tiempo libre para tumbarte en el suelo y hacer estiramientos; adopta posturas de relajación y usa «remedios» contra el dolor; hazte un automasaje o estírate en el suelo para hacer ejercicios durante los descansos publicitarios televisivos (véase la figura 4.58).

Figura 4.58

DORMIR

Antes de acostarse

Si has pasado casi toda la tarde sentado y/o tiendes a estar rígido cuando te levantas por las mañanas, busca un rato para estirarte tumbado boca arriba, boca abajo o de lado antes de acostarte; haz alguno de los ejercicios de estiramiento y relajación detallados en el próximo capítulo (véanse las páginas 157-179).

Dormir

- Evita adoptar posiciones que provocan sobrecarga al dormir (véase la figura 4.59). Estar tumbado boca arriba, boca abajo o de lado sin ningún soporte puede sobrecargar la zona lumbar y el cuello.

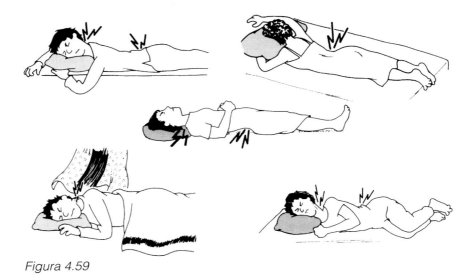

Figura 4.59

- Utiliza almohadas y modifica tu colocación hasta que encuentres las posiciones que te provocan menos sobrecarga (véase la figura 4.60).
- Experimenta hasta encontrar la mejor almohada para tu cuello. Hoy en día hay en el mercado muchas almohadas «con forma» o cervicales. Siempre será bueno que las examines en persona porque normalmente no son un artículo que se pueda devolver si no te gusta.

Algunas almohadas tienen forma cilíndrica; otras son rectangulares con contornos y densidades diferentes para apoyar el cuello y la cabeza. Si notas que es cómoda y que al levantarte te sientes bien, utilízala. Si no es así, prueba otras almohadas de distinta forma o tamaño.

Figura 4.60

En general, evita los extremos. Las almohadas muy blandas y/o planas dejarán que tu cabeza se caiga hacia atrás cuando te tumbes boca arriba o que se caiga hacia abajo contra la cama cuando te tumbes de lado. Si la almohada es demasiado dura o gruesa te inclinará hacia adelante excesivamente la cabeza cuando te tumbes boca arriba o hacia el techo cuando te tumbes de medio lado. Lo ideal es que, al tumbarte de espaldas, la almohada ofrezca apoyo a la suave curva anterior del cuello; ésta es la porción «cilíndrica» de las almohadas cervicales, mientras que la parte posterior de la cabeza debería apoyarse de manera que no quedara inclinada ni hacia adelante ni hacia atrás. Al tumbarte de medio lado, la cabeza y el cuello deberían quedar apoyados en una posición neutra, es decir, sin quedar inclinados hacia el techo ni hacia la cama.

Elegir el colchón

Una vez más, las preferencias de cada individuo son diferentes, por lo que debes escuchar a tu cuerpo y a tu experiencia pasada y elegir el tipo de colchón que mejor te vaya. Ten en cuenta que los colchones que son demasiado blandos o demasiado duros suelen provocar más sobrecarga tanto a nivel lumbar como a nivel cervical. Si te decantas por una cama de agua, asegúrate de que tiene calentador y de que su consistencia es dura. Los futones, en general, no tienen la suficiente flexibilidad para la mayoría de las personas, sin embargo, hay gente con dolor de espalda que suspira por ellos.

Capítulo 5

Plan estratégico de ejercicios para el individuo con dolor en la zona lumbar y/o en el cuello

Realizar con constancia un programa de ejercicios puede ayudarte a mejorar la condición y el equilibrio de tus sistemas estructural y eléctrico. Esto te hará menos vulnerable al estrés físico, emocional y mental en tu vida.

El ejercicio, al igual que la mayor parte de las cosas, puede tener un efecto tanto positivo como negativo sobre tu sistema porque depende de cómo se ajuste a tus necesidades específicas. Es crucial que sepas reconocer el tipo de ejercicio que necesita tu sistema y la manera de llevarlo a cabo para que sea realmente beneficioso para ti. La calidad de la realización de los ejercicios es mucho más importante que la cantidad o la duración de los mismos.

Tu programa de ejercicios debe reflejar las necesidades inmediatas y las necesidades a largo plazo de tu sistema. Un programa equilibrado incluye, normalmente, una combinación de los siguientes tipos de ejercicios:

1. *Ejercicios de relajación y de estiramiento:* relajan tu sistema eléctrico y estiran y descomprimen las áreas tensas, bloqueadas o sobrecargadas de tu sistema estructural.
2. *Ejercicios de fortalecimiento:* aumentan la fuerza y dan confianza y estabilidad a tus sistemas eléctrico y estructural.
3. *Ejercicios aeróbicos:* dan resistencia y favorecen la pérdida de peso. Pueden ayudarte a ser menos vulnerable a los episodios de dolor crónico.

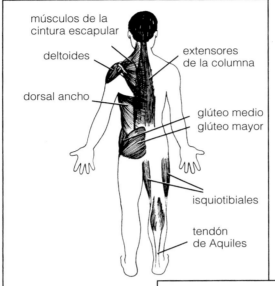

músculos de la
cintura escapular

deltoides

dorsal ancho

extensores
de la columna

glúteo medio
glúteo mayor

isquiotibiales

tendón
de Aquiles

**Sistema
muscular**

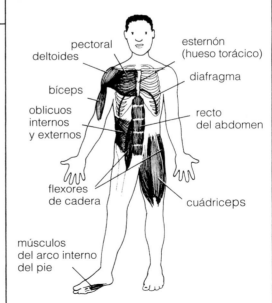

pectoral
deltoides

bíceps

oblicuos
internos
y externos

esternón
(hueso torácico)

diafragma

recto
del abdomen

flexores
de cadera

cuádriceps

músculos
del arco interno
del pie

La mejor forma de lograr un control permanente del dolor y mejoras en tu estructura y en tu funcionalidad es combinando elementos de los tres grupos de ejercicios. En general, a casi todo el mundo le irá bien hacer diariamente algunos ejercicios de relajación y estiramiento, realizar ejercicios de potenciación entre 2 y 4 veces a la semana y practicar ejercicios aeróbicos de 3 a 4 veces por semana.

Quizá la parte más dura de todo programa de ejercicios, aparte de iniciarlo, es realizarlo con constancia, sobre todo cuando tus horarios tanto en casa como en el trabajo te dejan muy poco tiempo libre. Durante estas temporadas en las que estás tan ocupado, probablemente la mejor solución es centrarte en tus actividades diarias y realizarlas con una buena disposición mental; recuerda que con sólo respirar correctamente, alinear bien el cuerpo y tener un tono muscular adecuado al caminar, estar sentado, inclinarte y levantarte puedes mejorar tu forma física.

PRECAUCIÓN: si acabas de sufrir una recaída y tienes más dolor o si tus energías están menguadas porque has estado resfriado, con la gripe, con la menstruación o por cualquier otra razón, utiliza aquellos métodos de relajación que te van mejor (capítulo 2). También deberías hacer algún ejercicio de relajación y estiramiento, pero suprimir temporalmente de tu programa los ejercicios aeróbicos y de fortalecimiento.

EJERCICIOS DE RELAJACIÓN Y ESTIRAMIENTO

Qué son y por qué se hacen

Estos ejercicios son parecidos a lo que casi todo el mundo piensa que son los típicos ejercicios de estiramiento; sin embargo, son sutil pero significativamente distintos en cuanto a que los de relajación y estiramiento ponen el énfasis en la relajación y en un estiramiento agradable. Al relajar y alargar los distintos tejidos blandos que se han vuelto rígidos y/o están acortados, notarás que la tensión y el dolor disminuyen y que eres capaz de moverte con más facilidad. Estos ejercicios son como un reconstituyente, es decir, requieren muy poca energía y al mismo tiempo ayudan a liberar parte de la compresión, sobrecarga y tensión acumuladas a lo largo del día. Resultan especialmente útiles cuando has permanecido demasiado tiempo en la misma posición o si has estado haciendo sin parar un trabajo repetitivo o practicando algún deporte. Al adoptar una posición contraria a la que has mantenido, al minimizar la tensión y la compresión y al realizar simultáneamente respiraciones purificadoras y calmantes, podrás llevar de nuevo tu estructura a un estado de equilibrio y armonía con mayor rapidez. Estos ejercicios te ayudarán a calmar, relajar y sosegar tu sistema; resultan útiles sobre todo en aquellos días en los que te sientes rígido, tenso, ansioso, estresado, cansado y/o siempre que tu dolor haya empeorado.

Principios generales para estirar zonas tensas y rígidas

Imagínate que la zona que estás estirando se comporta igual que un niño al que han hecho daño y necesita ayuda y cariño. Tu objetivo es hacer que el tejido se relaje y estire sin esfuerzo y en la dirección que tú quieras. Cuanto más recurras a la fuerza o más intentes correr, más se resistirá el tejido. Si aguantas la respiración, estás impaciente o mantienes una actitud negativa, el tejido lo notará y se resistirá a dejarse ir y a aflojarse. Si estiras el tejido con demasiada rapidez, excesivamente o durante demasiado tiempo, se irritará y lo único que hará será luchar contra ti y resistirse a tus intenciones. Para obtener los mejores resultados, ten esto en cuenta y pon todo el énfasis en las siguientes recomendaciones:

- Colócate lentamente en la posición de estiramiento, alargándote hasta notar una sensación agradable de estiramiento en la zona apropiada. En este punto, deja que tu ritmo respiratorio (respiraciones purificadoras y calmantes) produzca una discreta elevación y descenso en la parte que se está estirando. Al inspirar, imagina cómo una ola va creciendo a cámara lenta; deja que la ola eleve y haga retroceder ligeramente la zona que estás estirando de forma que sufra menos tensión, es decir, al inspirar reduces un poco el estiramiento. Al soltar el aire, imagina cómo la ola desciende y se rompe, dejando que la zona sometida a estiramiento se relaje y alargue de nuevo hasta un grado soportable (véase la figura 5.1).
- Adopta una posición cómoda para cada uno de los ejercicios descritos a continuación y mantén este ritmo de respiración y estiramiento entre 20 segundos y 3 minutos. Puedes intensificar o aflojar el estiramiento tanto como quieras, siempre y cuando te muevas lenta y suavemente y dejes que la zona estirada se relaje en su posición alargada; en otras palabras, ¡no hagas movimientos rápidos ni forzados!

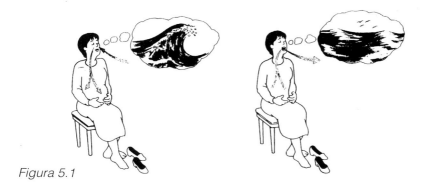

Figura 5.1

- Busca la comodidad y el bienestar mientras realizas estos ejercicios. Recuerda que podrás estirar antes y más si no fuerzas el estiramiento hasta el punto del dolor. Siempre que halles un tope (sientas dolor o incomodidad), afloja el estiramiento y concéntrate en mantener una respiración tranquila y en visualizar la relajación (véanse las páginas 52-54).

Ejercicios específicos

Relajación cervical

Por qué: si sientes que tu cuello y/o tus hombros están rígidos, tensos o doloridos.

Cuándo: durante aquellos momentos de previsible rigidez cervical, como por ejemplo después de realizar actividades en las que el cuello permanece inmóvil durante mucho tiempo (al levantarte de la cama, durante o después de escribir a máquina, escribir a mano, leer, mirar la televisión, ir en coche, etc.). Puedes hacerlo de forma disimulada si no dispones de un momento para estar a solas. Mantén el ejercicio entre 20 segundos y 2 minutos por cada lado, pero siempre conforme a lo que parezca irte mejor. Concéntrate en la relajación, no en la repetición.

Posición de inicio (véase la figura 5.2): siéntate o permanece de pie. Gira un brazo hacia fuera manteniéndolo al lado de tu cuerpo y relájalo. Deja que su peso te vaya arrastrando suavemente el hombro hacia abajo y hacia atrás. Si deseas que haya más estiramiento, dobla el codo y levanta la mano, eleva el tórax, baja los hombros y coloca la mano más atrás que el codo.

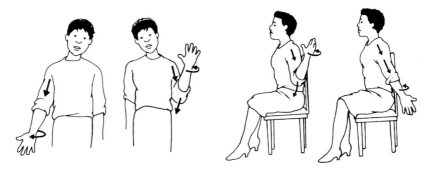

Figura 5.2

Movimiento: al soltar el aire, extiende el lateral del cuello inclinando o girando suavemente la cabeza hacia el lado contrario.

Mueve despacio el cuello en las siguientes direcciones, deteniéndote durante 10-15 segundos en varias posiciones cuando sientas un estiramiento cómodo/productivo en el lado contrario al lado hacia donde te mueves:

- Inclina y gira el cuello hacia la derecha con la cabeza ligeramente inclinada hacia adelante. El estiramiento se produce en el lado izquierdo y parte posterior del cuello y en la zona del hombro (véase la figura 5.3).
- Inclina el cuello hacia la derecha manteniendo la cara recta. Notarás el estiramiento en el lado izquierdo del cuello y en la parte superior del hombro (véase la figura 5.4).
- Inclina y gira el cuello hacia la derecha con la cabeza ligeramente inclinada hacia atrás. Sentirás el estiramiento en el lado izquierdo y parte anterior del cuello y del hombro (véase la figura 5.5).

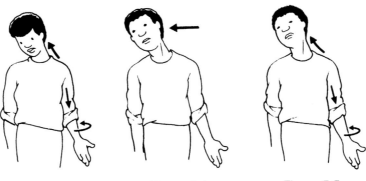

Figura 5.3   *Figura 5.4*   *Figura 5.5*

PRECAUCIÓN: si inclinas excesivamente la cabeza hacia atrás, puedes llegar a sentir una presión molesta en el cuello y/o en la zona del hombro del mismo lado hacia el que estás inclinándote.

Métodos alternativos (véase la figura 5.6):

- apoya la mano contraria sobre la clavícula y el hombro; esto te ayudará a mantener el hombro abajo mientras inclinas la cabeza hacia el otro lado;
- coloca el brazo que no se beneficia del estiramiento de la misma manera que en el método anterior, pero sujeta su codo con la mano contraria. La mano apoyada arriba puede aprovechar su situación para masajear las zonas rígidas;
- haz este ejercicio en la ducha —el calor y la vibración del agua favorecerán la relajación muscular y el alivio del dolor;
- inclina/gira la cabeza y el cuello hacia la izquierda mientras tu mano izquierda tira de tu brazo derecho hacia abajo y hacia dentro por detrás de la espalda.

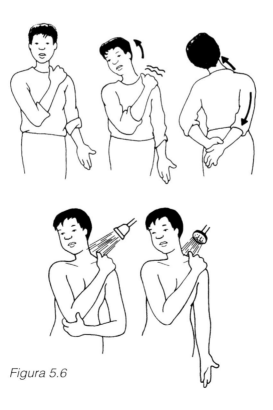

Figura 5.6

Nota: un modo relajado de respirar te ayudará a liberar la tensión y la rigidez. No hagas fuerza ni trates de mantener la cabeza/cuello con un grado de estiramiento molesto. Si estás incómodo, vuelve con cuidado y lentamente a la posición inicial. Si uno de los lados está notablemente más rígido que el otro, dedícale más tiempo (no fuerza) y relájalo con más frecuencia.

Estiramiento y descompresión cervical

Por qué: este sencillo ejercicio ayuda a descomprimir y a alargar el cuello, devolviendo la cabeza a una posición más equilibrada sobre el tronco. Además de producir una postura más atractiva, esta recolocación ayuda a disminuir el dolor, la actividad muscular y el desgaste articular.

Cuándo: igual que para la relajación cervical pero, en especial, durante la realización de actividades que hacen que la cabeza caiga o sobresalga hacia adelante.

Movimiento: este movimiento se puede hacer mientras se está sentado, de pie, caminando o tumbado boca arriba (véase la figura 5.7). (Véanse las páginas 46-48 para una explicación completa.)

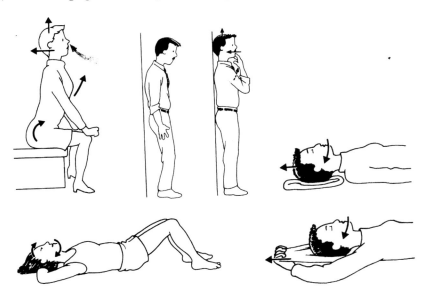

Figura 5.7

Rotaciones de columna

Por qué: en este ejercicio participa todo el cuerpo y sirve para mejorar la flexibilidad y relajación global. Alarga el cuerpo y facilita la rotación y el estiramiento.

Cuándo: siempre que te sientas tenso, rígido, enfadado o deprimido. Si lo haces por la mañana, muévete todavía más despacio y busca el apoyo de almohadas. Si lo haces justo antes de ir a dormir, este ejercicio te ayudará a descansar y a dormir bien.

Repítelo de 2 a 3 veces en cada lado. En total, el ejercicio durará de 2 a 5 minutos.

Posición de inicio (véase la figura 5.8): túmbate boca arriba sobre una superficie firme pero cómoda, con las caderas y las rodillas dobladas. Descálzate o ponte unas zapatillas con suela de goma para que los pies no resbalen por el suelo. Empieza con 1 o 2 respiraciones purificadoras. Coloca las manos sobre el abdomen para estimular la respiración diafragmática profunda.

Fase de la parte inferior del tronco (véase la figura 5.9): deja que la gravedad haga caer tus rodillas suavemente hacia el lado izquierdo; deja que tus rodillas, caderas y zona lumbar se relajen para que la gravedad las arrastre hacia el suelo. Si notas que te cuesta dejar que caigan porque estás rígido o tenso, coloca las manos en la cara externa de los muslos para proporcionar a éstos algo de apoyo y sigue con el ejercicio al ritmo de tu modelo respiratorio natural: detén el descenso de las piernas al inspirar, bájalas luego un poco más al soltar el aire y sigue de ese modo hasta que las piernas ya no puedan descender más.

Si sientes un cierto estiramiento agradable, descansa en esta posición límite durante unos 30 segundos. Si sientes molestias, trata de reducirlas o eliminarlas utilizando cojines o tus mismos brazos para bloquear tus piernas antes de llegar al grado de estiramiento que produce dolor. Por ejemplo, si el dolor aparece cuando inclinas las piernas hacia la izquierda, pon tu mano o un cojín en el suelo debajo de la cara externa de la pierna izquierda para limitar el movimiento y apoyar las piernas, de forma que puedas relajarte totalmente. Después de un tiempo, la pierna y la parte inferior del tronco deberán poder rotar más sin que se produzca dolor o tensión.

Fase de cuello y brazo (véase la figura 5.10): cuando hayas logrado una posición cómoda en rotación izquierda de tronco, levanta lentamente el brazo derecho a ras de suelo (lo que serían entre las 9 y las 11 horas en un reloj) hasta una posición de estiramiento agradable. Gira la cabeza en dirección al brazo abierto hasta que notes una grata sensación de estiramiento en el cuello. Si no sientes más que un cierto estiramiento en cualquier zona de tu cuerpo, descansa en dicha posición. Realiza algunas respiraciones purificadoras y calmantes durante unos 30 segundos.

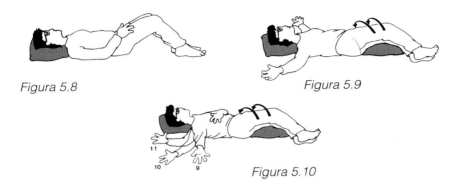

Figura 5.8

Figura 5.9

Figura 5.10

Deshaz esta posición lentamente y de la forma más fácil posible, moviendo una parte del cuerpo cada vez (cabeza, brazo, pierna, pelvis, etc.).

Si aparecen molestias durante la realización o resolución del ejercicio, intenta reducir el dolor en el cuello y/o el brazo forzando menos el estiramiento. Si te pones un cojín debajo del brazo reducirás la cantidad de estiramiento y podrás dejarte ir sin miedo.

Rotación/elongación de columna avanzada

Cuándo: si con el ejercicio anterior te has sentido cómodo, pero has tenido muy poca o ninguna sensación de estiramiento.

Movimiento (véase la figura 5.11): empieza girándote totalmente sobre tu lado izquierdo. Estira la rodilla de la pierna de arriba (derecha) y deja que ésta se flexione hacia adelante desde la cadera (coloca una almohada grande debajo de la pierna para estar más cómodo). Ahora, «desdobla» la parte superior del cuerpo levantando o abriendo lateralmente el brazo superior hacia arriba y hacia atrás por encima de la cabeza. Al inspirar, detén el movimiento del brazo; al soltar el aire, sigue bajándolo hacia el suelo. Coloca el brazo derecho (apoyándolo sobre almohadas) en una posición equivalente a entre las 9 y las 12 en un reloj al notar un estiramiento soportable. Repite el ejercicio 2-3 veces de cada lado. Para mantener cómodamente el estiramiento durante un rato, coloca tantas almohadas como precises debajo de la pierna y del brazo estirados. Procura que las almohadas sean lo suficientemente altas como para que se puedan relajar sin molestias tanto el brazo como la pierna. A medida que vayas adquiriendo flexibilidad, podrás ir reduciendo de forma gradual la altura de las almohadas para que tus extremidades queden más próximas al suelo.

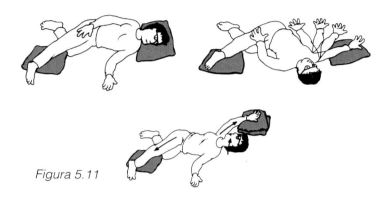

Figura 5.11

Rodillas al pecho: mecerse y rodar

Por qué: este ejercicio estira ligeramente y relaja la zona lumbar y glútea.

Cuándo: es bueno hacerlo principalmente después de haber estado largo rato de pie, caminando, llevando zapatos de tacón alto, estirando el cuerpo hacia arriba, nadando o tumbado boca arriba o boca abajo con las piernas estiradas. Este ejercicio también te beneficiará en aquellas ocasiones en las que sientas la zona lumbar rígida por haber tensado el cuerpo en cualquier posición, incluida la sedestación.

Posición de inicio (véase la figura 5.12): es la misma que para las «Rotaciones de columna».

Una rodilla sola (véase la figura 5.13): levanta suavemente una rodilla hacia arriba y sujétala con los dedos de las manos entrelazados. Mantén los brazos relajados y totalmente estirados al principio. Guiándola lentamente con las manos, deja que la pierna se mueva circularmente (en el mismo sentido y en sentido contrario a las agujas del reloj). Cuando llegue a la parte superior del círculo, acerca la rodilla al pecho con los brazos, luego deja que éstos vuelvan a estirarse de manera que, tanto ellos como la pierna y la pelvis puedan rodar hacia fuera, abajo y adentro del círculo. Haz respiraciones calmantes y, ocasionalmente, purificadoras. Repítelo con la otra pierna.

Ambas rodillas (véase la figura 5.14): pasa de la posición anterior a ésta levantando la pierna contraria. Esta posición suele resultar más cómoda con los tobillos cruzados. Repite el lento movimiento circular tal y como se ha descrito arriba. Realiza algunas respiraciones purificadoras y, al soltar el aire, acerca las rodillas al pecho. Haz este ejercicio entre 20 segundos y 1 minuto.

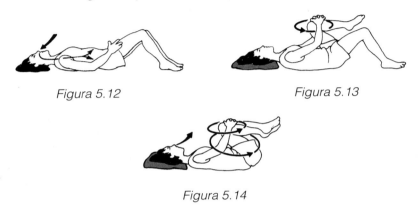

Figura 5.12

Figura 5.13

Figura 5.14

Rodillas al pecho con apoyo (véase la figura 5.15): partiendo de la posición inicial, eleva los glúteos del suelo, empujando ambos pies hacia abajo (intenta no arquear la zona lumbar al levantarte) y coloca un cojín grueso y duro debajo del cóccix y los glúteos (no debajo de la zona lumbar). Cuando estés en la posición de la ilustración, sentirás las piernas totalmente relajadas y centradas (éstas deberían mantenerse así sin ningún esfuerzo). Coloca suavemente las manos sobre la cara externa o superior de las piernas y repite el movimiento circular descrito anteriormente; acerca con delicadeza las rodillas al pecho al soltar el aire —¡no es necesario que hagas fuerza!

Figura 5.15

Flexiones

Por qué: las flexiones alargan y descomprimen la columna.

Cuándo: las flexiones también pueden ser el camino más rápido hacia el bienestar cuando existe dolor lumbar causado por haber estado mucho tiempo sentado, inclinando el cuerpo hacia adelante o levantándolo.

Posición de inicio (véase la figura 5.16): túmbate boca abajo y eleva la parte superior del cuerpo apoyándote sobre los codos. Traslada tu peso de uno a otro con suavidad para relajar, estirar y aflojar la columna. No arquees el cuello hacia atrás.

Movimiento (véase la figura 5.17): haz una respiración profunda. Al mismo tiempo que expulsas el aire, haz fuerza con los brazos para elevarte y mira hacia adelante (si miras hacia arriba, arquearás el cuello hacia atrás). Deja que el pecho suba recto mientras la parte inferior de la columna se afloja y estira; mantén la zona lumbar relajada sin dejar que la pelvis se eleve del suelo. Levántate hasta el punto en que notes una sensación soportable de estiramiento y presión en la zona lumbar. Quédate ahí y haz una respiración tranquila; relájate durante 3-5 segundos antes de volver a la posición de partida. Repítelo de 3 a 5 veces.

Figura 5.16

Figura 5.17

Nota: aumenta gradualmente la amplitud de la flexión en función de tu tolerancia. No trates de mantener una posición dolorosa; por el contrario, detente cuando sientas una presión agradable. Normalmente, la amplitud de las flexiones aumenta con la repetición, es decir, en la primera flexión no te levantarás tanto como en la tercera.

Arquear la espalda en posición de cuatro patas/ ejercicio del gato

Por qué: en este ejercicio la columna pasa de una posición relativamente redondeada o curvada a otra arqueada. Mejora la flexibilidad y la relajación.

Cuándo: cuando te sientes rígido o tenso por haber permanecido inmóvil en la misma posición o por haber estado haciendo la misma actividad durante mucho tiempo. Es una forma divertida de desentumecerte por la mañana y de relajarte por la noche.

Posición de inicio: Colócate de cuatro patas (manos y rodillas apoyadas) sobre una superficie dura pero ligeramente mullida.

Movimiento: curva y arquea la columna suave y alternativamente, procurando que la amplitud de los movimientos sea pequeña y cómoda. Al curvar la espalda, mete los glúteos hacia adentro y relaja hacia adelante y abajo la cabeza y el cuello, de manera que dirijas tu mirada hacia tus rodillas (véase la figura 5.18). Aquí haz una respiración purificadora. Ahora, deja que tu columna se afloje por el centro mientras tus glúteos salen hacia fuera y el pecho y la cabeza se levantan de manera que tu mirada quede ahora dirigida hacia adelante (no hacia arriba) (véase la figura 5.19). Haz aquí otra respiración purificadora. Curva y arquea la columna suave y alternativamente de 2 a 3 veces.

Figura 5.18   Figura 5.19

Métodos alternativos:

- desde la posición de partida, mueve la cabeza y los glúteos hacia el mismo lado, igual que hace un perro cuando se mira la cola. Aquí haz una respiración purificadora. Repítelo hacia el otro lado (véase la figura 5.20);
- colocado en la posición de inicio, ponte detrás de las rodillas un cojín grueso. Desplaza el cuerpo con cuidado hacia atrás, hasta quedar «sentado» sobre el cojín. En esta posición deja que tu columna se estire y se curve y deja que la cabeza caiga hacia adelante apoyándose sobre tus brazos, el suelo u otro cojín. Realiza algunas respiraciones purificadoras y descansa por un momento en esta posición (véase la figura 5.21);

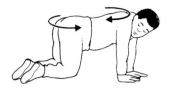 

Figura 5.20 *Figura 5.21*

- desde la posición de inicio, lleva lentamente el cuerpo hacia adelante sobre los brazos, dejando que la parte inferior de la columna se afloje suave y delicadamente en la misma posición que en el ejercicio de «Flexiones». Mantente en esta posición durante unos segundos y haz una respiración purificadora antes de volver a la posición inicial (véase la figura 5.22). Repite, trasladando el cuerpo de atrás hacia adelante, desde la posición en la que los glúteos se sientan sobre los talones hasta la posición del ejercicio de «Flexiones» 3-4 veces. Nota: este ejercicio combina elementos del ejercicio «Rodillas al pecho» y del de «Flexiones», por tanto, se puede considerar como una alternativa a estos dos.

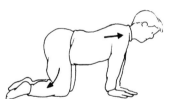 

Figura 5.22

Estiramiento de los músculos isquiotibiales

Por qué: si tus isquiotibiales están tensos, tirarán con fuerza de la pelvis hacia atrás, haciendo que tu espalda se curve (especialmente durante la sedestación y al inclinarte hacia adelante). Esto dará como resultado un aumento significativo de la compresión y tensión en la zona lumbar de tu espalda.

Cuándo: suele ser mejor estirar estos músculos después de haber sido calentados (por ejemplo, después de caminar o de ir en bicicleta). ¡No debes intentar estirarlos inmediatamente después de levantarte de la cama, ni cuando tienes frío o cuando estás tenso!

PRECAUCIÓN: no debes estirar tus isquiotibiales si ya eres capaz de colocar la pierna en la posición ilustrada en la figura 5.23 sin curvar la espalda ni doblar la pierna contraria. (Unos isquiotibiales demasiado largos también pueden dar problemas.) Tampoco estires estos músculos si notas un dolor de tipo nervioso en la pierna al intentar realizar estos ejercicios.

Movimiento (véase la figura 5.24): túmbate de espaldas y coloca debajo de tu zona lumbar una toalla o una sábana pequeña doblada para dar apoyo al arco anterior de la columna. Dobla una pierna de manera que el pie quede apoyado en el suelo. Levanta la pierna contraria y entrelaza los dedos de las manos por detrás de su muslo. Mientras mantienes esta posición, estira lentamente la rodilla hasta que notes una sensación de estiramiento soportable detrás del muslo o la rodilla. Mantén la pierna en esta posición durante 10-20 segundos al mismo tiempo que mantienes una respiración relajada. Repítelo unas 5 veces con cada pierna. (Si prácticamente no notas estiramiento, estira en el suelo la pierna que está doblada para que se produzca un estiramiento mayor.)

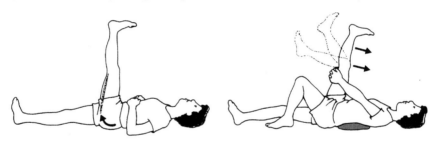

Figura 5.23   Figura 5.24

Estiramiento mantenido de la cara posterior de la pierna con un cinturón

Por qué: si tus isquiotibiales están muy acortados, este método te permitirá mantener la posición de estiramiento cómodamente y el tiempo suficiente como para que se produzcan cambios reales.

Posición de inicio (véase la figura 5.25): tumbado de espaldas, acércate una rodilla al pecho y pasa dos veces una cuerda o cinturón largo alrededor de la planta del pie o del zapato y dos veces también alrededor de tus muñecas para que te cueste poco sujetar dicha cuerda o cinturón. Levanta lentamente la pierna hasta que notes una sensación de estiramiento soportable detrás del muslo o pantorrilla. Mantén la rodilla ligeramente flexionada. Lleva los dos brazos hacia arriba y hacia atrás y ve doblando la rodilla hasta encontrar un punto de equilibrio en el que te cueste muy poco esfuerzo mantener la posición.

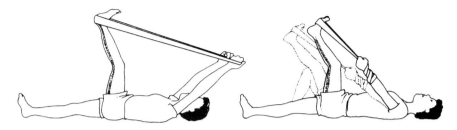

Figura 5.25

Movimiento: lleva el brazo y la pierna levantada hacia adentro de manera que crucen ligeramente la línea media de tu cuerpo hasta que se produzca un cierto estiramiento en la cara externa de la pierna, del muslo y de la pelvis (véase la figura 5.26). Mantén esta posición durante unos 30 segundos antes de devolver la pierna a su posición neutra. Repítelo 2 o 3 veces, según haya rigidez en la zona o no.

Ahora deja que el brazo y la pierna levantada se muevan lentamente hacia fuera con el fin de producir un estiramiento a nivel de la cara interna del muslo (véase figura 5.27). Mantén esta posición durante unos 30 segundos antes de devolver la pierna a su posición neutra. Repítelo 2 o 3 veces, según haya rigidez en la zona o no.

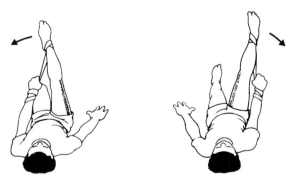

Figura 5.26   Figura 5.27

Nota: durante la realización de este ejercicio es crucial mantener un ritmo respiratorio relajado. Si aguantas la respiración o te pones en tensión, el tejido no se alargará.

Estiramiento de los isquiotibiales en bipedestación

Por qué: se puede usar este método como una alternativa a los descritos antes. Este método en bipedestación es, quizá, la manera más fácil de estirar los isquiotibiales sin tener que tumbarse en el suelo. También te permite mantener el estiramiento con poco esfuerzo.

Movimiento (véase la figura 5.28): colócate al pie de una escalera y sujétate a la barandilla o apóyate en la pared para sentirte seguro y poder mantenerte recto. Estira la pierna apoyada en el suelo (pero sin bloquear la rodilla) con el pie recto. Levanta la otra pierna hasta el segundo, tercer o cuarto escalón. Apoya el talón sobre dicho escalón procurando que la pierna quede a 90 grados con relación al pie. Sólo con mantener el cuerpo vertical (pecho erguido), notarás una sensación de estiramiento en la zona de los isquiotibiales. Si el estiramiento te parece suficiente, descansa en esta posición durante unos 2 minutos antes de cambiar de pierna. Si quieres que el estiramiento sea más fuerte, o bien levanta la pierna hasta un escalón superior o bien inclina el tronco hacia adelante sobre la pierna, manteniendo el pecho vertical (¡no te inclines sobre la pierna con la espalda curvada o el pecho hundido!). Si mantienes el pie del suelo recto y giras el torso y los brazos hacia la derecha o hacia la izquierda (véase la figura 5.29), notarás un estiramiento más específico en la cara interna o externa de la pierna elevada. Apoya los brazos en la pared, pasamanos o sobre tu propio cuerpo para no perder el equilibrio y mantenerte relajado con el tronco y la cabeza exageradamente rectos.

Figura 5.28   Figura 5.29

Estiramiento de los músculos de la pantorrilla

Por qué: los músculos de la pantorrilla pueden estar tensos como consecuencia de haber corrido, de haber llevado botas o zapatos de tacón alto o de haber estado demasiado tiempo en la cama. Una pantorrilla tensa puede provocar dolor o lesionar la misma pantorrilla/pie. Lo más habitual, sin embargo, es que contribuya a sobrecargar sutilmente la pierna entera, fomentando su ineficacia para caminar, lo cual tendrá un efecto negativo sobre el dolor de la pierna o de la zona lumbar.

Cuándo: es normal que tus pantorrillas estén más tensas por la mañana al levantarte de la cama. Deja que se vayan estirando de forma natural caminando lenta y delicadamente. Sólo podrás hacer estiramientos de la pantorrilla en bipedestación cuando lleves levantado varias horas.

La frecuencia con que deberás hacer estos ejercicios dependerá de lo mucho que tus pantorrillas tiendan a tensarse. Si corres, haces aeróbic, llevas zapatos de tacón alto, etc., deberás sopesar la tensión de tus pantorrillas antes y después de hacer estas actividades y estirarlas si las notas duras.

Posición de inicio (véase la figura 5.30): ponte de pie delante de una pared, mostrador o árbol. Coloca la pierna que vas a estirar a unos 60 centímetros de la pared. Dobla la otra pierna y apoya el pie de la misma muy próximo a la pared. Comprueba que ambos pies están rectos mirando hacia adelante y no girados hacia fuera. Apoya los brazos en la pared y desplaza las caderas hacia adelante, doblando la pierna de delante, pero manteniendo la pierna de atrás estirada y con el talón bien apoyado en el suelo. Si el pie tiende a aplastarse o a girarse hacia adentro, coloca una revista debajo del borde interno del pie que estás estirando.

Movimiento: si tus pantorrillas están rígidas, notarás un claro estiramiento en la misma pantorrilla y/o en el tendón de Aquiles. Mantén esta posición durante 20-30 segundos mientras te relajas y respiras. Para estirar el tramo más bajo de la pantorrilla y próximo al talón, dobla ligeramente la rodilla y mantén durante 20-30 segundos una sensación de estiramiento soportable. Repite ambas posiciones (con la rodilla estirada y con la rodilla doblada) 2-3 veces con cada pierna.

Método alternativo (véase la figura 5.31): el siguiente método es más agresivo y deberás utilizarlo si con el primer método no has notado un estiramiento satisfactorio:

Figura 5.30   Figura 5.31

- coloca el pulpejo del pie sobre el filo de un bordillo o primer peldaño de una escalera. Coloca tu otro pie plano sobre el bordillo o el peldaño superior. Sujétate o apóyate en la barandilla o pasamanos para no perder el equilibrio y poder mantenerte recto y relajado. Deja que el talón del pie de atrás baje hasta que se produzca el estiramiento de la pantorrilla. Si doblas ligeramente la rodilla, notarás cómo el estiramiento se da a un nivel inferior, cerca del talón. No bloquees la rodilla en extensión. Relájate en esta posición durante 20-30 segundos y repite el ejercicio 2-3 veces con cada pierna.

Estiramiento de los músculos flexores de cadera tumbado boca arriba

Por qué: si los flexores de cadera están tensos, tirarán de la pelvis y la zona lumbar hacia adelante, lo cual dará como resultado un aumento de la sobrecarga en esta zona. Esto hará que la parte inferior del abdomen caiga hacia adelante debilitando los músculos abdominales bajos (véase la figura 5.32).

Posición de inicio (véase la figura 5.33): pon dos cojines grandes y duros al final de la cama y siéntate justo en el borde de la misma. Túmbate de espaldas y levanta las dos rodillas, acercándolas a tu pecho, para estirar la zona lumbar.

Movimiento: mantén una rodilla firmemente pegada al pecho mientras dejas caer lentamente la otra

Figura 5.32

pierna hacia el suelo (véase la figura 5.34). Notarás un estiramiento a nivel de la parte superior de la cadera, del muslo y/o de la rodilla de la pierna que está abajo. Debes mantener la pierna contraria bien flexionada y fuertemente pegada a tu pecho para que tu espalda se mantenga plana. Si se desplazara un poco hacia adelante [al relajar la sujección de las manos], no sentirías ninguna tensión en la pierna de abajo y podrías hacerte daño en la espalda (véase la figura 5.35).

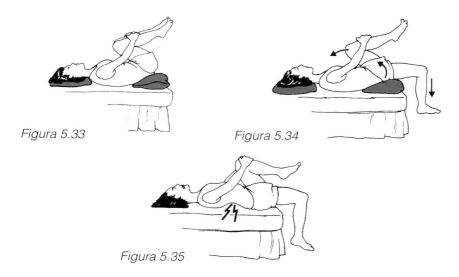

Figura 5.33

Figura 5.34

Figura 5.35

Si los flexores de cadera de la pierna de abajo están tensos, la pierna tenderá a quedar doblada hacia arriba o flexionada hacia fuera. Si esto sucede o si notas estiramiento/tensión en la pierna de abajo, levanta esta pierna, con la rodilla estirada, ligeramente por encima de la posición en la que se produce el estiramiento, y aguántala así durante unos 10 segundos. Haz una respiración profunda y, cuando expulses el aire, deja que la pierna caiga suavemente hacia abajo hasta donde pueda. No dejes que la pierna se abra. Déjala que se relaje y estire durante 20-30 segundos. Repítelo 2-3 veces.

Examina ambas piernas por separado y trata a cada una de forma apropiada, es decir, si están o sientes que están las dos igual de tensas, estíralas por igual y, si sólo una está rígida, trabájala sólo a ella.

Estiramiento de los músculos flexores de cadera en bipedestación

Posición de inicio: colócate de pie al lado de una silla o mostrador y apoya una mano encima para no perder el equilibrio.

Movimiento: dobla la pierna de fuera por la cadera y la rodilla de manera que puedas sujetarla asiéndola por la cara anterior del tobillo (véase la figura 5.36). Ahora, baja lentamente el muslo para estirar la cadera tanto como se pueda. Si los músculos que flexionan la cadera están tensos o acortados, tu muslo tenderá a desplazarse hacia los lados o te resultará dificultoso estirarlo. Si sucede esto, rebaja el estiramiento. Sólo deberás sentir un suave estiramiento en la cara anterior de la cadera y/o muslo. Al bajar la pierna, mantén la pelvis nivelada —no dejes que tu abdomen se incline hacia adelante o que tu espalda se arquee; si esto ocurre, contrae los glúteos y los abdominales inferiores para impedir que la pelvis bascule hacia adelante. Mantén el estiramiento y repítelo de nuevo tal y como acaba de ser descrito.

Movimiento alternativo: si este movimiento te produce molestias o sientes que tu espalda se arquea, coloca detrás de ti una silla y apoya en ella la pierna, como muestra la figura 5.37, para reducir el estiramiento.

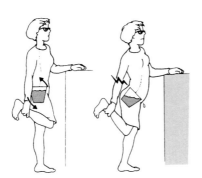

Figura 5.36

Figura 5.37

Estiramiento con barra arriba

Por qué: es una manera sencilla de contrarrestar los efectos compresivos de la vida diaria que producen acortamiento. Si de vez en cuando añades éste a tu programa de ejercicios, ayudarás a mantener la longitud [la altura] óptima de tu estructura y obtendrás una grata sensación de relajación. Está especialmente indicado para aflojar la región del hombro y para estirar y descomprimir la zona lumbar.

Cuándo: al comienzo y al final del día son los momentos en los que tu cuerpo más agradecerá unos instantes de estiramiento. Si colocas la barra sobre una puerta cercana a tu habitación, te costará menos hacer el ejercicio tanto al levantarte como al acostarte.

Dónde colocar la barra: para colocar la barra, ponte de pie bajo el marco de una puerta con los brazos estirados hacia arriba y los pies planos en el suelo. Deberás colocar la barra donde puedas asirla en esta posición (con los brazos prácticamente estirados del todo, pero no de puntillas).

Posición de inicio y movimiento (véase la figura 5.38): para obtener los mejores resultados, mantén los pies apoyados en el suelo. (Si los levantas, los músculos del tronco se contraerán y perderás el efecto descompresor.) Haz la suficiente fuerza con los brazos como para dirigir la descompresión hacia tu zona lumbar (si sólo te «cuelgas» de los brazos, sentirás una fuerte tirantez/estiramiento en ellos, pero poca descompresión a nivel lumbar). Relaja un poco las piernas para aumentar la tracción. Si te duelen las manos, ponte guantes o recubre la barra con un material esponjoso.

Figura 5.38

Con sólo colgarte de la barra, ya sentirás un suave estiramiento y descompresión. Sin embargo, aumentarás los beneficios de este ejercicio si dejas que la pelvis se balancee lentamente en distintas direcciones y vas modificando la posición de tus manos y pies para hacer que el estiramiento incida en la cara anterior, posterior o en las caras laterales del tronco y de la pelvis.

Haz algunas respiraciones purificadoras y siente cómo esta posición en alargamiento te ayuda a ventilar todo tu cuerpo.

Ejercicios de estiramiento que debes evitar

Los siguientes ejercicios de estiramiento pueden agravar tus síntomas y lesionar más tu estructura. Estos ejercicios intentan estirar demasiadas zonas a la vez. Tu cuerpo tenderá a seguir el camino más fácil o de menor resistencia, de manera que ciertas regiones con una movilidad suficiente o excesiva se estirarán todavía más, mientras que las zonas rígidas permanecerán así. Estos ejercicios/posiciones, además, comprimen y sobrecargan zonas que normalmente ya sufren este tipo de problemas. No sobrecargues más ni añadas más tensión a tu sistema practicando los siguientes ejercicios de estiramiento:

—alargar el cuerpo hacia adelante en sedestación con las piernas estiradas (véase la figura 5.39),
—tocarse las puntas de los pies alternativamente en bipedestación con las piernas abiertas (véase la figura 5.40),
—tocarse las puntas de los pies en bipedestación (véase la figura 5.41),
—estiramiento en posición de salto de valla (véase la figura 5.42),
—posición de Yoga (véase la figura 5.43),
—poner el cuerpo vertical con los hombros en el suelo (véase la figura 5.44),
—inclinar el cuello hacia atrás (véase la figura 5.45),
—postura del loto con la zona lumbar curvada (véase la figura 5.46),
—posición cobra de yoga (arqueando excesivamente el cuello hacia atrás) (véase la figura 5.47),
—estiramiento en bipedestación de los músculos isquiotibiales y flexores de cadera con una alineación incorrecta (véase la figura 5.48).

      Figura 5.39   *Figura 5.40*   *Figura 5.41*

Figura 5.42   Figura 5.43   Figura 5.44

Figura 5.45   Figura 5.46   Figura 5.47

Figura 5.48

EJERCICIOS DE FORTALECIMIENTO

Muchos individuos con dolor cervical o lumbar de varios meses o más de duración experimentan una pérdida de fuerza notable. A medida que el cuerpo pierde fuerza, también pierde estabilidad y esta falta de estabilidad le hace vulnerable al estrés (física y emocionalmente) durante la realización de las actividades de la vida diaria, lo cual favorece la aparición de dolor. Así pues, los ejercicios de fortalecimiento o potenciación te ayudarán a llevar a cabo tus actividades cotidianas de una forma más relajada y eficaz y también a disminuir el dolor.

Al igual que con los ejercicios de relajación y estiramiento, cuando hagas los ejercicios de fortalecimiento, deberás cuidar al máximo tu manera de ejecutarlos (manteniendo una alineación equilibrada, un tono muscular adecuado y una respiración relajada) sin dar tanta importancia a la intensidad de los ejercicios ni a la cantidad de ellos que lleves a cabo.

Ejercicios de fortalecimiento usando el peso del cuerpo

Elevaciones de pierna con rodilla recta (véase la figura 5.49)

Por qué: este ejercicio potencia los músculos de la cara anterior de la cadera, rodilla y abdomen. Además de fortalecer, puede enseñarte a mantener estables la columna y la pelvis mientras mueves las piernas, es decir, te ayudará a mantener una sedestación y una forma de inclinarte hacia adelante correctas:

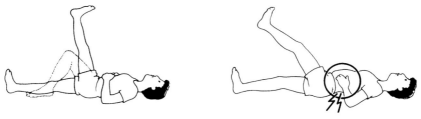

Figura 5.49

a) *Elevaciones de pierna con rodilla recta manteniendo doblada la pierna contraria*: este método representa la forma más fácil de levantar la pierna con la rodilla recta. Si al realizar el método b) te aumenta el dolor en la zona lumbar, quédate con el a). Presiona con tus dedos las paredes laterales de la parte inferior del abdomen y contrae hacia arriba y adentro los músculos abdominales para que tu zona lumbar se aplaste contra el suelo. Mantén estables el tronco y la pelvis; no dejes que se muevan mientras levantas lentamente la pierna estirada hasta que llegue a formar un grado de 50-70 grados con el suelo. Mantén la pierna arriba durante 5 segundos aproximadamente antes de bajarla de nuevo lentamente hasta el suelo. Comprueba que mantienes el abdomen firme y la espalda pegada al suelo mientras subes y bajas la pierna. Respira tranquilamente durante todo el ejercicio. Repítelo 5-20 veces con cada pierna.

b) *Elevaciones de pierna con rodilla recta manteniendo la pierna contraria estirada*: este método es más avanzado que el anterior. Comienza tumbándote boca arriba con la espalda plana sobre el suelo. Igual que antes, contrae los músculos abdominales para mantener la zona lumbar bien pegada al suelo. Mantén esta postura y evita mover esta región mientras subes y bajas una de las piernas. Deja la otra pierna estirada, relajada e inmóvil sobre el suelo. Repítelo 5-20 veces con cada pierna.

El puente

Por qué: este ejercicio fortalece los abdominales, los glúteos, la espalda y los muslos. Te ayudará a mantener una postura más erguida, a levantarte con menos dificultad de asientos bajos y a subir escaleras con más agilidad:

a) *Con las dos piernas* (véase la figura 5.50): empieza basculando la pelvis: contrae suavemente la parte baja del abdomen y los glúteos para aplanar sobre el suelo la región lumbar (es el mismo movimiento que efectúas para nivelar la pelvis cuando estás de pie o caminando [véase la página 90], con la diferencia de que ahora lo haces tumbado en el suelo). Sigue basculando la pelvis hacia atrás hasta elevarla del suelo y sigue subiendo (vértebra a vértebra, como los eslabones de una cadena) hasta que pelvis y zona lumbar queden separadas del suelo. Mantente arriba con la espalda plana y una alineación recta. Contrae los glúteos para que la zona lumbar no se arquee al intentar subir más. Quédate arriba durante 5 segundos aproximadamente mientras mantienes un ritmo respiratorio relajado. Baja despacio —apoyando en el suelo una a una cada vértebra, empezando por la más alta y terminando por el cóccix—. Repítelo 5-10 veces.

Figura 5.50

b) *Con una sola pierna* (véase la figura 5.51): empieza igual que para el puente con las dos piernas. Cuando te halles en la posición de puente, imagínate que sobre tu rodilla izquierda hay un vaso lleno de agua. Intenta trasladar lenta y suavemente todo tu peso a la pierna izquierda de manera que puedas levantar la derecha estirando la rodilla. Procura hacerlo sin oscilar ni inclinarte, puesto que esto haría derramar el agua del vaso imaginario. Levanta alternativamente ambas piernas entre 5 y 10 veces. Concéntrate en no mover o ladear la pelvis. Acuérdate de mantener una respiración relajada durante todo el ejercicio.

Figura 5.51

Fortalecimiento abdominal

Por qué: fortalecer los abdominales es básico en la prevención y curación de los problemas de espalda y cervicales. Los abdominales sostienen la columna y la pelvis por delante y por los lados. Funcionan a modo de cables guía puesto que, junto con los músculos extensores de la espalda, mueven y estabilizan la columna en una posición relativamente neutra y alargada. Así pues, a la hora de potenciar estos músculos, deberás poner todo tu empeño en realizar movimientos suaves y controlados y en mantener la espalda en una posición relativamente recta y poco compresora.

Desgraciadamente, la manera en la que mucha gente realiza ejercicios de potenciación abdominal puede agravar tanto los problemas lumbares como los cervicales. No se debería dar importancia a la velocidad de repetición de los ejercicios ni a la intensidad de los mismos cuando la espalda está sufriendo debido a la mala posición a la que se la somete.

Movimientos incorrectos durante la realización de ejercicios abdominales

- Evita subir o incorporarte sobre los glúteos con las rodillas dobladas si al hacerlo aumenta el dolor de la zona lumbar o de la pierna. Si al inclinarte hacia adelante o al sentarte el dolor empeora, lo mejor que puedes hacer es evitar este tipo de ejercicios y fortalecer tu abdomen con isométricos de los abdominales inferiores tumbado boca arriba, de pie o caminando o con el ejercicio de potenciación abdominal con la pierna estirada (véase más adelante).

- Evita inclinar/tirar de la cabeza/cuello hacia adelante sobre el pecho. Cuando la gente hace ejercicios abdominales, se suele tirar de la cabeza hacia adelante con las manos. Esto pone el cuello en tensión, favorece una postura deficiente y reduce la carga de trabajo de los músculos abdominales (véase la figura 5.52).

Figura 5.52

- Evita incorporarte sobre los glúteos con las piernas estiradas o enganchar los pies debajo de un mueble si al subir tiendes a arquear la zona lumbar. En ambos métodos trabajan los músculos flexores de la cadera, lo cual permite que los abdominales puedan tomarse un pequeño descanso (véase la figura 5.53).

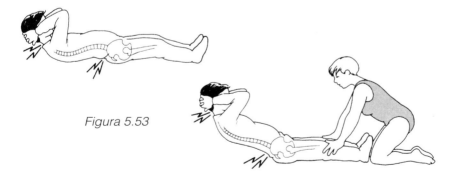

Figura 5.53

- Evita correr. El hecho de correr significa que estás utilizando la inercia para hacer el ejercicio, lo cual no potencia con tanta eficacia. Correr también hace que sea más fácil que se produzca una lesión o, como mínimo, que empeore el dolor cervical o lumbar por culpa del bombeo y la compresión que supone hacer los ejercicios a una gran velocidad.

- Evita subir más de un tercio del recorrido. Los abdominales trabajan intensamente durante el primer tercio del recorrido; después, se termina de subir con la fuerza de los músculos de la cadera y lo único que se consigue es aumentar la tensión y la sobrecarga en la zona lumbar y en el cuello (véase la figura 5.54).
- Evita dejarte caer hacia atrás desde arriba. La fase de retorno es tan importante para la potenciación como la fase de subida. Por lo tanto, baja lenta y suavemente la espalda hasta la posición de inicio.

Figura 5.54

Movimientos correctos para fortalecer los abdominales segura y eficazmente

a) ISOMÉTRICO DE LOS ABDOMINALES INFERIORES (véase la figura 5.55): lleva la parte inferior de tu abdomen hacia arriba y hacia adentro al mismo tiempo que mantienes un ritmo respiratorio relajado; tu abdomen deberá adoptar una forma relativamente cóncava. Inicialmente, intenta mantener esta contracción isométrica de los abdominales durante 5-10 segundos tumbado boca arriba. Si te resulta difícil empujar el abdomen hacia adentro, coloca tus manos sobre él e imagínate que quieres meter el abdomen separándolo de tus manos. Cuando controles el ejercicio en esta posición, intenta hacerlo de pie y caminando durante unos 30 segundos. Imagina que lo que realmente quieres es elevar la parte superior del cuerpo separándola de la zona lumbar mediante la contracción hacia arriba de tus músculos abdominales. Cuanto mejor dominen este movimiento los abdominales, más capaz serás de relajar la cara anterior del cuello.

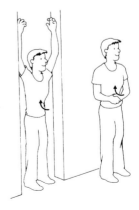

Figura 5.55

b) ISOMÉTRICO ABDOMINAL CON LA PIERNA EN EXTENSIÓN: túmbate boca arriba con las piernas dobladas y los pies apoyados en el suelo. Contrae isométricamente los músculos abdominales tal y como se ha descrito en el párrafo anterior. Pon las manos sobre el abdomen para que su retroalimentación te sirva de ayuda —tu abdomen deberá permanecer plano o, incluso, cóncavo, pero no curvado hacia adelante—. Tu zona lumbar deberá quedar aplanada sobre el suelo y no arquearse hacia arriba y adelante mientras vayas realizando la siguiente progresión de movimientos:

- *Extensión de una pierna manteniendo la pierna contraria doblada con el pie apoyado en el suelo* (véase la figura 5.56): lentamente, estira y despega la pierna del suelo mientras el abdomen y la espalda se mantienen estables en la posición descrita arriba. Ahora, dobla y estira lentamente la pierna. Cuanto más próxima al suelo está la pierna, más difícil es el ejercicio; por tanto, si acusas sobrecarga en la espalda, no estires tanto la pierna o no la acerques tanto al suelo. Si, por el contrario, el ejercicio te resulta fácil, mantén la pierna bien estirada a sólo un par de dedos del suelo, con la zona lumbar pegada al suelo y el abdomen cóncavo.

Figura 5.56

- *Flexo-extensión de las dos piernas juntas* (véase la figura 5.57): colócate en la misma posición de inicio que en el ejercicio anterior; estira lentamente ambas piernas a la vez arrastrando los pies por el suelo. Cuanto más estires las piernas, más fuerza deberás hacer para evitar que la espalda se arquee y para mantener el abdomen cóncavo. Sigue estirando las piernas hasta que puedas relajarlas totalmente sobre el suelo, de forma que las plantas de los pies no queden planas sobre el mismo. Vuelve a la posición de partida doblando primero una pierna y luego la otra (intentar doblar las dos piernas simultáneamente produce mucha sobrecarga).

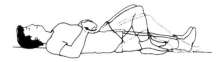

Figura 5.57

- *Extensión de una pierna manteniendo ambas piernas flexionadas y los pies despegados del suelo* (véase la figura 5.58): colócate en la misma posición de inicio que en el ejercicio anterior; luego, acerca al pecho las dos rodillas flexionadas usando los brazos; aflójalos lentamente mientras contraes los abdominales para mantener las dos piernas arriba con las rodillas dobladas. Lentamente, estira una pierna procurando mantener la espalda plana y la otra pierna flexionada. Si puedes controlar esto sin mucho esfuerzo, repítelo varias veces con la misma pierna y luego inténtalo con la otra.

 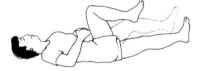

Figura 5.58

c) ELEVACIONES PARCIALES DE TRONCO (véase la figura 5.59): pon las manos detrás de la cabeza para dar apoyo a la misma, pero sin apretarlas contra ella (evitando tirar de la cabeza hacia adelante). Mantén los codos abiertos y hacia atrás (de manera que no tiren de los hombros hacia adelante). Levanta y dirige el movimiento con el pecho, dejando que la cabeza se mantenga recta y alineada con el mismo. A medida que te incorporas, concéntrate en acercar la punta inferior del esternón al ombligo —automáticamente deberías bascular la pelvis hacia atrás—. Mantén la elevación parcial del tronco durante 3-5 segundos antes de bajar despacio. Repítelo 5-10 veces:

Figura 5.59

- *Elevaciones de tronco en rotación* (véase la figura 5.60): realiza el mismo movimiento que en el ejercicio anterior, pero, a medida que te incorporas, gira el tronco de manera que la axila izquierda se dirija hacia la rodilla derecha o viceversa. De nuevo, mantén los codos relativamente abiertos hacia los lados y la cabeza recta y apoyada en las manos mientras incorporas el tronco en rotación hacia uno de los lados. Mantente arriba durante 3-5 segundos y repítelo 5-10 veces.

  Puedes modificar este ejercicio levantando y acercando la rodilla a la axila opuesta al mismo tiempo que elevas y giras el tronco. Haz este ejercicio 5-10 veces con cada pierna.

Figura 5.60

d) ELEVACIONES DE TRONCO CON LAS PIERNAS LEVANTADAS (véase la figura 5.61): acerca las dos rodillas al pecho y apriétalas contra el mismo con las manos un instante para estirar y aplastar la espalda contra el suelo. Cuando sueltes las manos y dejes las piernas libres, al no estar el cóccix apoyado en el suelo, los múscu-

Figura 5.61

los abdominales tendrán que contraerse para mantener la espalda bien plana. Ahora, repite la elevación parcial del tronco despegando del suelo la cabeza y el pecho. Simultáneamente, eleva todavía más el cóccix, de manera que la punta inferior del esternón y el ombligo se acerquen más el uno al otro. Mantén esta posición durante 3-5 segundos respirando al mismo tiempo. Baja lentamente. Relájate y repítelo 5-10 veces:

- *Elevaciones de tronco en rotación con las piernas levantadas* (véase la figura 5.62): haz lo mismo que en el ejercicio c), pero con las piernas separadas del suelo. Al incorporarte, acerca la rodilla izquierda al hombro derecho. Detente arriba un momento y baja lentamente.

Figura 5.62

Luego, acerca la rodilla derecha al hombro izquierdo. Mantén un momento la posición y baja lentamente. Repite esta secuencia entre 5 y 10 veces.

PRECAUCIÓN: si tu dolor lumbar o cervical empeora al intentar hacer los ejercicios de potenciación abdominal descritos arriba, todavía puedes fortalecer tus músculos abdominales de forma isométrica en bipedestación o caminando (véase la figura 5.55). Simplemente, contrae el abdomen hacia arriba y adentro, como queriendo despegarlo de la cinturilla de tus pantalones o de tu falda, mientras procuras mantener un ritmo respiratorio relajado. Procura hacer esto de pie o caminando. Respirar relajadamente durante la ejecución de este ejercicio hace que éste sea más natural y permite mantenerlo durante más tiempo, de 20 segundos a 1 minuto seguido. Este método de fortalecimiento lo podrás llevar a cabo mientras realizas muchas de tus actividades cotidianas, como por ejemplo, el aseo personal, tanto por la mañana como por la noche, caminar, esperar un ascensor, etc.

Fortalecimiento de los músculos de la cadera tumbado de lado

Por qué: los músculos que estos ejercicios fortalecen dan estabilidad a la cadera, la pelvis y la zona lumbar. Cuando están débiles, hay mayor oscilación lateral durante la bipedestación y al caminar, lo cual da como resultado un aumento de la tensión y sobrecarga:

a) *Cara externa del muslo*: túmbate de lado y apoya cómodamente la cabeza y el cuello sobre tu mano o sobre una almohada. Lleva hacia adelante el brazo de arriba para que tu cuerpo no ruede ni hacia adelante ni hacia atrás. Rota la pierna de arriba hacia fuera, de manera que la rótula quede dirigida hacia el techo y luego levántala (con la rodilla estirada) no más arriba de lo que muestra la ilustración. Mantén la posición durante 2-5 segundos antes de bajar lentamente la pierna hasta el suelo. Repítelo 10-20 veces (véase la figura 5.63).

b) *Cara interna del muslo*: colócate en la misma posición que antes, pero con la pierna de arriba doblada y apoyada en el suelo hacia adelante. Levanta hacia el techo la pierna de abajo estirada de manera que, como mínimo, la porción inferior de la misma se eleve del suelo. Mantén la posición durante 3-5 segundos antes de bajar lentamente la pierna hasta el suelo. Repítelo 10-30 veces con cada lado (véase la figura 5.64).

Figura 5.63   *Figura 5.64*

Fortalecimiento de los músculos cervicales (véase la figura 5.65)

Por qué: estos ejercicios te irán bien si te notas los músculos del cuello débiles, como si no pudieras aguantar la cabeza recta durante mucho rato sin acusar cansancio:

a) *Cara posterior del cuello:* siéntate o quédate de pie con el cuerpo perfectamente alineado. Procura que tu cabeza esté recta, centrada y equilibrada sobre el pecho y no inclinada hacia adelante o con la barbilla apuntando al frente o colgando hacia abajo. Pon una mano por detrás de la cabeza y apóyala contra la nuca. Empuja con la mano la cabeza hacia adelante al mismo tiempo que empujas el cuello hacia atrás y hacia adentro contra la mano, de forma que la cabeza se mantenga inmóvil y con una buena alineación. Mantén esta posición durante 5-10 segundos con un nivel de tensión de leve a moderado mientras respiras relajadamente.

b) *Cara lateral del cuello:* mueve la mano hacia un lado (sobre la oreja). Repite la secuencia isométrica descrita en el apartado a), pero ahora en dirección lateral. Repítelo luego en sentido contrario.

c) *Cara anterior del cuello:* refuerza de la misma forma isométrica los músculos de la cara anterior del cuello colocando una mano sobre la frente y empujando contra la misma, mientras tratas de mantener la cabeza en una posición neutra y correcta.

Figura 5.65

Fortalecimiento de los músculos de la cara anterior del cuello

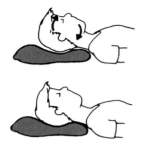

Por qué: deberás fortalecer los músculos de la cara anterior de tu cuello si tienes dificultad para incorporar la cabeza estando recostado.

Movimiento (véase la figura 5.66): túmbate boca arriba con la cabeza apoyada sobre un cojín relativamente bajo y plano. Empieza a levantar la cabeza de manera que la frente sea la que inicie el movimiento mientras que la barbilla se mantiene metida hacia adentro. Tendrás la sensación de haber despegado del suelo un tercio o la mitad del peso de la cabeza. Mantén esta posición durante 5-10 segundos procurando que tu respiración sea tranquila. Baja la cabeza y afloja lentamente la tensión de los músculos. Repítelo 3-5 veces.

Figura 5.66

Extender brazos y piernas

Por qué: este ejercicio refuerza los músculos extensores de la cara posterior del cuerpo, incluyendo los muslos, los glúteos, la espalda, los hombros y el cuello. Te ayuda a estabilizar la columna y también mejora tu equilibrio. Este ejercicio es el mejor complemento de los ejercicios de potenciación abdominal, puesto que los músculos extensores, conjuntamente con los músculos abdominales, trabajan para mantener la columna fuerte y estable.

Posición de inicio (véase la figura 5.67): separa las rodillas una distancia equivalente a la anchura de tu pelvis y las manos una distancia equivalente a la anchura de tus hombros. Gira ligeramente los brazos hacia fuera y coloca las muñecas en una posición cómoda. Mantén la cabeza y el cuello en línea recta con el resto de tu espalda —la cual debe presentar una silueta plana, ni arqueada hacia arriba ni colgando hacia abajo—. Mantén la zona lumbar en su alineación más relajada y neutra (ni redondeada ni hundida).

Haz como si tuvieras un vaso lleno de agua sobre el centro de la espalda. Muévete de forma que el agua se mantenga serena durante todo el ejercicio: ¡no la agites ni la derrames!:

a) *Elevación de la pierna:* traslada tu peso a la pierna izquierda y lentamente alarga hacia atrás la pierna derecha de forma que casi quede recta. No dejes que la pelvis o la espalda roten o se inclinen. Mantén la pierna levantada durante 3-10 segundos antes de devolverla a su posición de partida tan suavemente como puedas. Repítelo 5 veces con cada pierna (véase la figura 5.68).

Figura 5.67

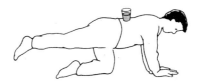

Figura 5.68

b) *Elevación del brazo:* alarga el brazo derecho hacia adelante hasta el nivel de tu espalda de manera que el pulgar quede mirando hacia arriba. Mantén la cabeza, el cuello y la espalda con una alineación neutra y relajada —ni arqueada, ni con la mirada dirigida hacia el techo, ni girada, ni tensa—; simplemente alárgate de forma relajada. Repítelo cinco veces con cada brazo (véase la figura 5.69).

c) *Elevación del brazo y de la pierna:* alarga simultáneamente un brazo y la pierna contraria. Levántalos sólo hasta donde puedas controlar el ejercicio sin tambalearte. Esfuérzate para poder llegar a ponerlos en línea con la espalda. Mantén la posición 3-5 segundos. Repítelo 5-10 veces con cada lado (véase la figura 5.70).

Figura 5.69

Figura 5.70

Fortalecimiento de los músculos extensores tumbado boca abajo

Por qué: estos ejercicios son similares a los de extender brazos y piernas en cuanto al por qué y al cómo, por lo que no es necesario hacer los dos. Haz el que prefieras. Este ejercicio te ayudará a fortalecer la espalda, las caderas y los hombros.

Posición de inicio (véase la figura 5.71): túmbate boca abajo y apoya la cabeza sobre el dorso de las manos o gírala hacia un lado. Si notas que tu cuello está como «atornillado» o tenso, pon un cojín plano debajo de la parte superior del pecho para que la cabeza y el cuello puedan descansar cómodamente sobre su extremo. Pon también debajo del abdomen otro cojín duro y plano para evitar que la zona lumbar se arquee y te cause molestias. Bascula suavemente la pelvis (véase la página 181) de manera que tu pubis se apriete contra el suelo o el cojín y tu espalda quede plana. Mantén esta posición mientras realizas los siguientes ejercicios:

a) *Elevación de una pierna:* levanta la pierna derecha a sólo 5 o 10 centímetros del suelo. Mantén la pierna arriba durante 3-5 segundos. Bájala lentamente y repítelo 5 veces. Repítelo con la otra pierna (véase la figura 5.72).

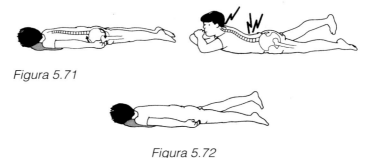

Figura 5.71

Figura 5.72

b) *Elevación de un brazo:* a la vez que procuras mantener la cabeza y el cuello relajados, estira hacia adelante y levanta un brazo con el pulgar mirando hacia arriba a 5 o 10 centímetros del suelo. Mantén el brazo arriba durante 3-5 segundos. Bájalo lentamente y repítelo 5 veces. Repítelo con el otro brazo (véase la figura 5.73).

c) *Elevación de brazo y pierna:* mientras mantienes la pelvis basculada (véase la página 181) y un ritmo respiratorio relajado, levanta un brazo y la misma pierna o la contraria tal como se ha descrito anteriormente. Mantén la posición durante 3-5 segundos y repítelo 5 veces. Hazlo con ambos lados (véase la figura 5.74).

Figura 5.73   Figura 5.74

Elevaciones de pierna en bipedestación

Por qué: estos ejercicios fortalecen todos los músculos importantes de las piernas. Si te centras en mantener la cabeza, el tronco y la pelvis perfectamente alineados en su posición neutra, fortalecerás, además, los músculos que corrigen y favorecen la buena postura y tú les «enseñarás» a que hagan que te mantengas en esa buena postura de forma automática. Al estar de pie, estos ejercicios también tienden a mejorar tu equilibrio y coordinación.

Posición de inicio: sujétate en los marcos de las puertas o en ciertos muebles para mantener el equilibrio. Es primordial mantener una buena alineación, por lo que intentar soltar las manos y perder el equilibrio es un movimiento incorrecto. A medida que vayan mejorando tu fuerza y tu equilibrio, podrás empezar a retirar tus apoyos reduciéndolos a una mano, un dedo, etc. Finalmente, si es posible, haz los ejercicios sin apoyarte en ninguna parte.

Mantén una respiración relajada. Si este ejercicio te resulta demasiado difícil de hacer, tenderás a aguantar la respiración y a ponerte tenso. Si te ocurre esto, trata de mejorar tu fuerza mediante otros ejercicios descritos en este apartado y luego vuelve a este ejercicio y comprueba si lo puedes hacer sin aguantar la respiración.

Mantén la cabeza, el tronco y la pelvis perfectamente alineados en bipedestación. No levantes las piernas tan alto como para que tu postura se desestabilice.

Mueve las piernas lenta y suavemente; esto fortalece más la musculatura y conlleva menos riesgo de irritación del dolor. Tanto al subir como al mantener arriba (3-10 segundos) y al bajar las piernas, no hagas movimientos rápidos ni bruscos. Repítelo 5-20 veces con cada pierna.

a) LEVANTAR LA PIERNA HACIA ADELANTE CON LA RODILLA DOBLADA Y ESTIRADA:

Movimiento incorrecto: estos movimientos, si no se controlan, tienden a llevar el pecho hacia abajo, a curvar la columna y a inclinar la cabeza hacia adelante (véase la figura 5.75).

Movimiento correcto: pon todo tu empeño en mantener la cabeza y el pecho bien rectos. Levanta la pierna sólo hasta donde puedas seguir manteniendo esta alineación erguida (véase la figura 5.76).

b) LEVANTAR LA PIERNA HACIA ATRÁS CON LA RODILLA DOBLADA Y ESTIRADA:

Movimiento incorrecto: si no se controlan, estos movimientos tienden a arquear en exceso el cuello y la región lumbar de la espalda, haciendo que la barbilla y la parte inferior del abdomen sobresalgan por delante como si los abdominales estuvieran debilitados (véase la figura 5.77). Esto ocurre cuando se intenta llevar la pierna demasiado hacia atrás.

Movimiento correcto: empieza por meter hacia adentro la parte inferior del abdomen, de manera que tu cubo pélvico se mueva relativamente hacia arriba y atrás bajo la mitad superior de tu cuerpo. Mantén la cabeza en posición neutra con la mirada dirigida al frente. Lleva una pierna hacia atrás y detente antes de que tu pelvis empiece a inclinarse hacia adelante. Si haces el ejercicio controlando la pelvis, no deberías levantar la pierna más allá de lo que muestra el dibujo (véase la figura 5.78).

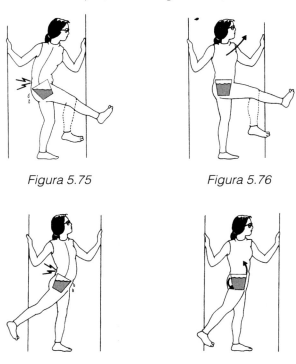

Figura 5.75   Figura 5.76

Figura 5.77   Figura 5.78

c) LEVANTAR LA PIERNA HACIA EL LADO CON LA RODILLA ESTIRADA:

Movimientos incorrectos: no inclines ni ladees el tronco; no gires la pelvis ni la columna (véase la figura 5.79).

Movimientos correctos: mantén la cabeza, el tronco y la pelvis alineados verticalmente y mirando hacia adelante. Levanta la pierna tan alto como puedas sin inclinar ni girar el cuerpo (véase la figura 5.80).

d) ELEVACIONES SOBRE LAS PUNTAS DE LOS PIES:

Movimientos incorrectos: evita inclinar la pelvis hacia adelante con el abdomen hacia afuera; evita tambalearte y hacer movimientos bruscos; evita caer hacia atrás sobre los talones; evita hacer el ejercicio con los pies muy separados o demasiado juntos (véase la figura 5.81).

Movimientos correctos: mantén la pelvis centrada contrayendo suavemente la parte inferior del abdomen y los glúteos (véase la página 90). Sube y baja con cuidado. Procura que pies y piernas conserven una buena alineación (véase la figura 5.82).

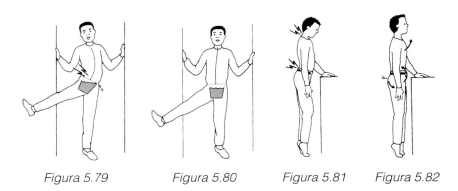

Figura 5.79   Figura 5.80   Figura 5.81   Figura 5.82

Trasladar el peso del cuerpo sobre las piernas flexionadas

Por qué: este ejercicio fortalece considerablemente las piernas y mejora el equilibrio y puede, también, mejorar la habilidad para agacharse doblando las piernas.

Movimiento: ponte de pie con los pies separados a una distancia superior a la anchura de tus hombros. Agáchate parcialmente flexionando las rodillas, procurando que éstas queden justamente sobre los pies. Ahora, empieza a trasladar tu peso lentamente en la dirección de las agujas del reloj, moviendo tanto como puedas en todas las direcciones la pelvis y el tronco sobre tus pies: hacia adelante, hacia adelante y a la derecha, hacia atrás y a la derecha, hacia atrás, hacia atrás y a la izquierda, hacia adelante y a la izquierda, hacia el centro. Mantén la cabeza, el tronco y la pelvis rectos y bien centrados uno sobre otro. Alarga los brazos en sentido contrario al que trasladas tu peso para mantener el equilibrio. Repítelo 2-3 veces en el mismo sentido y en sentido contrario a las agujas del reloj.

Fortalecer la musculatura mediante la utilización de máquinas

El entrenamiento con resistencias, sean del tipo que sean, (utilizando máquinas, pesas, bandas elásticas) requiere aplicar resistencia a los movimientos normales del cuerpo. Esto se puede considerar una forma de sobrecarga mecánica. Tu cuerpo puede responder de muchas formas a esta sobrecarga. Tu respuesta debería determinar si esta forma de ejercicio es beneficiosa para ti o es una pérdida de tiempo o si, de hecho, te puede perjudicar.

Factores que favorecen el éxito

Mejorar tu percepción y control sobre tres factores básicos hará, con toda seguridad, que en tu empeño por fortalecer tu cuerpo obtengas resultados positivos. Estos factores son tu respiración, tu alineación corporal y tu tono muscular.

1. RESPIRACIÓN:

Movimientos incorrectos: evita sostener la respiración o ponerte nervioso por intentar respirar en el momento «adecuado».
Movimientos correctos: mantén una respiración relajada y tranquila, usando la inspiración para «flotar» y la espiración para ejercer más fuerza.

Realizar de tanto en tanto alguna respiración purificadora te ayudará a mantenerte globalmente relajado, a liberar la tensión acumulada en zonas concretas y a disminuir la frecuencia de tu pulso. Haz una inspiración lenta y profunda por la nariz y/o boca. Mantén el aire dentro durante un segundo para poder almacenar el «aire malo» antes de expulsarlo a través de tu boca abierta y relajada y de liberar todas tus tensiones.

2. ALINEACIÓN:

Movimientos incorrectos: no dejes que la resistencia te fuerce a adoptar una alineación errónea; esta tendencia aumenta cuando se está cansado o se intenta levantar un peso excesivo.

Movimientos correctos: mantén una alineación corporal exageradamente correcta durante todo el ejercicio. Por ejemplo, cuando levantes pesas en sedestación, exagera la recolocación de la pelvis (véanse las páginas 71-72) para que tu postura sea lo más estable y recta posible. Si el asiento tiene demasiada profundidad, utiliza los soportes almohadillados para la espalda, que deberías tener a mano. Mírate en el espejo mientras levantas, estiras o empujas para comprobar que te mantienes bien alineado. Cuando levantes pesas en bipedestación, separa los pies al nivel de tus hombros y bascula la pelvis (contrae la parte inferior del abdomen y los glúteos) para que la zona lumbar y la pelvis permanezcan niveladas y estables cuando levantes las pesas con los brazos (véase la figura 5.83).

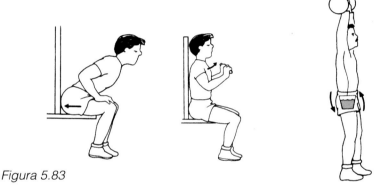

Figura 5.83

3. TONO MUSCULAR:

Movimientos incorrectos (véase la figura 5.84): evita tensar la cara frontal del cuello y levantar los hombros cuando trabajes con los brazos. Evita contraer la cara o apretar los dientes; evita tensar o empujar hacia arriba o hacia abajo con la espalda o los glúteos. Evita también los movimientos rápidos, los cuales, además de aprovechar la inercia, crean problemas de alineación, tono y dolor.

Figura 5.84

Movimientos correctos (véase la figura 5.85): intenta colocarte y moverte de manera que parezca que lo que estás haciendo te resulta fácil y cómodo: mantén la cara/expresión facial relajada, mantén los dientes entreabiertos y utiliza imágenes o pensamien-

Figura 5.85

tos que te ayuden a parecer tranquilo y a controlar la situación. Muévete suave y proporcionadamente. La velocidad a la que realizas el ejercicio debería ser prácticamente la misma desde el principio hasta el final del mismo. Párate al completar el ejercicio y vuelve a la posición de partida con el mismo control.

Cuántas veces/con qué frecuencia

Haz de 8 a 15 repeticiones 2-4 veces por semana. Deberías poder hacer bien este número de repeticiones con un esfuerzo moderado (ni con demasiada facilidad, ni con demasiado esfuerzo). Si en tus últimas repeticiones no eres capaz de llegar hasta el final del recorrido o si el esfuerzo empieza a resultarte extenuante o si pierdes la correcta alineación de tu cuerpo, estás intentando levantar demasiado peso. Si tus últimas repeticiones te cuestan tan poco como las primeras, no estás levantando el peso suficiente. En la mayoría de los casos no es necesario hacer más de una serie (8-15 repeticiones) para cada ejercicio, ni tampoco hacer los ejercicios más de 2-4 veces por semana.

Ejemplos de ejercicios

Los siguientes ejemplos ofrecen recomendaciones específicas, sea cual sea la marca del material o del equipo que estás utilizando:

CUÁDRICEPS (cara anterior del muslo):

Movimientos correctos (véase la figura 5.86): exagera la posición de recolocar la pelvis (véanse las páginas 71-72) para que la zona lumbar quede relajada aunque levemente arqueada hacia adelante. Estira las rodillas todo lo que puedas siempre y cuando tu espalda siga recta. Debería haber asas para las manos debajo del asiento para que resulte más fácil mantenerse estable y recto.
Movimientos incorrectos (véase la figura 5.87): evita sentarte sobre el cóccix, puesto que empezarás o terminarás hundiendo la espalda. Si estiras completamente las rodillas y tienes los músculos isquiotibiales tensos o acortados, tu espalda se curvará hacia atrás (produciéndose un aumento significativo de la sobrecarga en la zona lumbar). ¡Esto puede ser muy perjudicial para la zona lumbar!

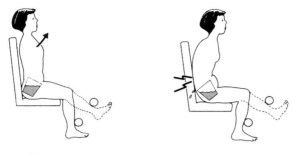

Figura 5.86   Figura 5.87

ISQUIOTIBIALES (cara posterior del muslo y nalgas):

Movimientos correctos (véase la figura 5.88): al doblar las rodillas, mantén el pubis pegado al banco para que la espalda se mantenga plana y los glúteos no sobresalgan hacia arriba. Mantén la parte superior de la espalda y el cuello relajados. Cógete a la barra y tira de ella para facilitar el ejercicio y dobla las rodillas hasta donde puedas, siempre y cuando mantengas la zona lumbar plana y los glúteos metidos hacia dentro.

Movimientos incorrectos (véase la figura 5.89): no dejes que la zona lumbar se arquee o/ni que los glúteos se eleven del banco y sobresalgan hacia arriba. No tenses ni levantes la cabeza al doblar las rodillas.

Figura 5.88   Figura 5.89

ABDOMINALES:

Movimientos correctos (véase la figura 5.90): exagera la recolocación de la pelvis (véanse las páginas 71-72) y mantén el pecho alto y la cabeza en posición neutra. Conserva esta postura mientras empujas hacia abajo, doblándote por las caderas con la zona lumbar relativamente recta. Mantén los brazos apoyados sobre la máquina durante todo el ejercicio. Observa cómo se parece este movimiento a la acción de agacharse flexionando las rodillas. No es necesario llegar hasta el final del recorrido, especialmente si esto provoca molestias en la zona lumbar, glúteos y/o piernas.

Movimientos incorrectos (véase la figura 5.91): no lleves la espalda hacia abajo adoptando una postura encorvada y comprimida (no sólo es una postura incorrecta, sino que también es potencialmente peligrosa). No lleves la cabeza hacia adelante haciendo que ésta sobresalga en relación al pecho cuando te inclines hacia abajo. No empujes hacia abajo con los brazos. No mires hacia arriba mientras estás inclinando el tronco hacia el suelo.

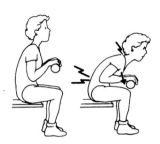

Figura 5.90   Figura 5.91

EXTENSORES DE LA ESPALDA:

Movimientos correctos (véase la figura 5.92): exagera la recolocación de la pelvis (véanse las páginas 71-72) y mantén el pecho alto y la cabeza en posición neutra durante todo el ejercicio. Contrae hacia arriba y hacia adentro los abdominales inferiores cuando empujes hacia atrás con tu columna. Detén tu progresión hacia atrás cuando empieces a sentir molestias o presión en la zona lumbar o en las piernas. Con la repetición y el tiempo, la amplitud de tu movimiento irá aumentando; deja que esto llegue por sí mismo, no trates de forzarlo.

Movimientos incorrectos (véase la figura 5.93): evita empezar o terminar el ejercicio con la región lumbar de la espalda hundida, el pecho caído y la cabeza desplazada hacia adelante con el cuello arqueado. No arquees el cuello hacia atrás al empujar hacia la misma dirección con el tronco.

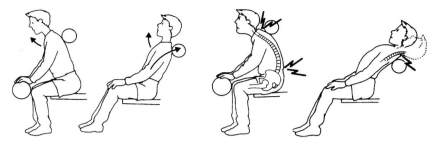

Figura 5.92   Figura 5.93

MÚSCULOS DORSALES Y ESCAPULARES (utilizados en el movimiento de tirar hacia abajo):

Movimientos correctos (véase la figura 5.94): mantén el pecho alto y el cuello y la zona lumbar en posición neutra al tirar hacia abajo con los brazos. Acerca las escápulas y llévalas hacia abajo. Asegúrate al asiento con un cinturón para que la tracción de las pesas no te empuje hacia arriba.

Figura 5.94

Movimientos incorrectos (véase la figura 5.95): evita empujar hacia abajo con el tronco de manera que la cabeza se desplace hacia adelante y abajo junto con el pecho. Evita también arquear la cabeza hacia atrás al empujar hacia abajo o desplazar el cuello hacia adelante al empujar la barra por detrás de la cabeza.

Figura 5.95

DELTOIDES (músculos que recubren el hombro, utilizados para empujar/levantar y para mover el brazo por encima del nivel de la cabeza):

Movimientos correctos (véase la figura 5.96): mantén el cuerpo perfectamente alineado en sedestación tanto al subir como al bajar los brazos. Ten presente que debes mantener la región lumbar relajada, ligera y sin sobrecarga; esto asegura que sean los brazos los que hacen el trabajo.

Movimientos incorrectos (véase la figura 5.97): evita hundir la espalda; esto sobrecarga peligrosamente tu zona lumbar. Evita arquear hacia adelante la espalda y la parte superior del cuello para ayudar a la elevación de los brazos; esto también carga la columna con unas tensiones excesivas.

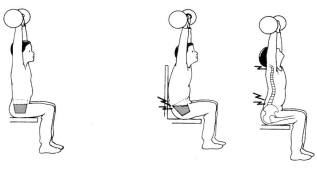

Figura 5.96   Figura 5.97

PECTORALES (músculos de la parte superior y anterior del pecho, utilizados para apretar hacia adentro y empujar hacia abajo oblicuamente):

Movimientos correctos (véase la figura 5.98): mantén el pecho alto y la cabeza centrada y equilibrada sobre el pecho al empujar los brazos hacia adentro por delante del mismo.

Movimientos incorrectos (véase la figura 5.99): evita curvar la región superior de la espalda, hundir el pecho y desplazar la cabeza hacia adelante y abajo para poder completar el movimiento o evita llevar la cabeza hacia atrás.

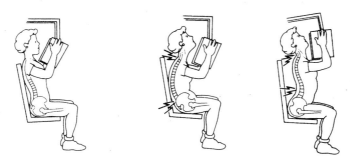

Figura 5.98   Figura 5.99

PECTORALES Y DELTOIDES ANTERIOR (utilizado en press de banca):

Movimientos correctos (véase la figura 5.100): mantén durante todo el ejercicio la cabeza, el tronco y la pelvis en una alineación neutra y relajada. Apoya los pies en el suelo o sobre el banco, de acuerdo con lo que te resulte más cómodo. Mantén el cuello y la mandíbula relajadas mientras empujas.

Movimientos incorrectos (véase la figura 5.101): evita tensar y empujar hacia arriba con la espalda y/o el cuello en posición curvada o arqueada. No aprietes la cabeza o el cuello contra el banco.

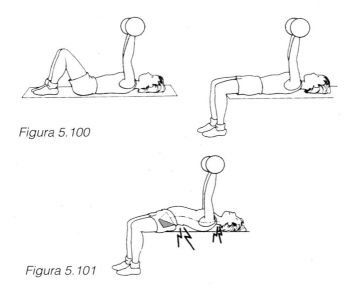

Figura 5.100

Figura 5.101

BÍCEPS (importante para levantar objetos o tirar de ellos):

Movimientos correctos (véase la figura 5.102): mantén el pecho alto de forma exagerada. Mantén la cabeza centrada, recta y equilibrada sobre el pecho. Si estás de pie, separa los pies a la altura de los hombros y equilibra tu cubo pélvico de delante a atrás. Mantén la mitad superior de los brazos pegada a tu cuerpo con los codos apoyados sobre la parrilla costal al subir y bajar el antebrazo.

Movimientos incorrectos (véase la figura 5.103): no dejes que el pecho ni la cabeza caigan hacia adelante. Evita desplazar el codo hacia atrás al subir y bajar el peso. No dejes que tu cubo pélvico se incline hacia adelante o hacia atrás.

Figura 5.102 *Figura 5.103*

EJERCICIO AERÓBICO

Qué es

Ejercicio aeróbico es cualquier actividad ejecutada con una intensidad y un ritmo en los que el oxígeno se usa como principal combustible para producir la energía necesaria para desarrollar dicha actividad. Para lograr todos los beneficios del ejercicio aeróbico, éste se debe realizar durante un tiempo suficiente (15-20 minutos), con la frecuencia suficiente (como mínimo 2-3 veces por semana) y con la intensidad adecuada (dentro del campo de resistencia cardíaca de cada uno). Entre los ejemplos más comunes de ejercicio aeróbico se encuentran: caminar deprisa, hacer jogging, ir en bicicleta, nadar y bailar. Todas estas actividades se pueden llevar a cabo anaeróbicamente (sin oxígeno) si se realizan demasiado deprisa o con demasiada intensidad; en este caso, probablemente no aguantarás los 20 minutos, te faltará la respiración y no obtendrás el beneficio aeróbico (en otras palabras, si haces estos ejercicios de forma incorrecta, simplemente tu sistema se agotará mucho antes).

Por qué se hace

Hay un buen número de razones por las cuales deberías practicar de manera constante algún tipo de ejercicio aeróbico. El ejercicio aeróbico mejora la fuerza y la eficacia del corazón y del sistema circulatorio y, por lo tanto, reduce el riesgo de sufrir un ataque al corazón, hipertensión arterial, enfermedades cardíacas y embolia. También puede mejorar globalmente tu resistencia a la actividad, así como ayudarte a vivir con más salud y por más tiempo. A tu cuerpo le será más fácil usar el oxígeno para producir energía y tu sistema inmunitario se hará más fuerte. Además de estos beneficios generales, el ejercicio aeróbico ofrece cuatro beneficios específicos a aquellas personas que sufren dolor cervical o lumbar:

1. es la manera más sana y efectiva de perder peso de forma natural (es la única forma de ejercicio que metaboliza eficazmente las células grasas). En algunos casos, el sobrepeso agrava el dolor, por lo que perder peso mediante la práctica de este tipo de ejercicio puede resultar beneficioso;
2. ayuda a conseguir un alivio duradero del dolor. Es el único ejercicio que puede estimular significativamente la producción y liberación de endorfinas —potentes sustancias químicas naturales del cuerpo que ayudan a bloquear los circuitos del dolor;
3. también hace a la persona que lo practica menos propensa a sufrir lesiones y a que su sintomatología empeore porque refuerza y flexibiliza el sistema estructural;
4. puede mejorar la autoestima y ayudar a disminuir sentimientos de miedo, depresión y ansiedad, sentimientos que pueden agravar el dolor.

Todos estos beneficios potenciales dependen de cómo lleves a cabo la actividad aeróbica concreta por la que has optado. Es fundamental que elijas un tipo de actividad aeróbica que sea compatible con tu sistema (física y emocionalmente) y que la realices de manera que consigas los objetivos anteriormente mencionados. Esto hará que te preguntes sobre la mejor manera de practicar cualquier actividad aeróbica.

Con qué frecuencia

De dos a cinco veces por semana. Si no practicas el ejercicio aeróbico dos veces por semana como mínimo y con constancia, tu sistema no tendrá la oportunidad de ir mejorando. Por otro lado, intentar llevar a cabo un ejercicio aeróbico de forma esporádica u ocasional es físicamente agotador y, si se hace con demasiada intensidad, puede ser peligroso.

Hacer ejercicio aeróbico más de cinco veces por semana debería quedar reservado a los atletas consagrados a ello y con una buena condición física. Practicar este ejercicio con demasiada frecuencia, además de ser menos gratificante, suele dar como resultado fatiga y dolor. Por último, puede conducir a lesiones y/o enfermedades más graves a medida que tus sistemas estructural e inmunitario se van desgastando.

Cuánto tiempo

Para conseguir todos los beneficios del ejercicio aeróbico, deberías mantener el ejercicio durante 15-20 minutos como mínimo. Esto no significa que no vayas a sacar ningún provecho por empezar con 5-10 minutos de actividad e ir aumentando gradualmente su duración hasta los 15-20 minutos. Escucha a tu sistema —recuerda que debes verte y sentirte bien, no agotado—. Si tienes dificultad para ir aumentando la duración de tu actividad, probablemente estés trabajando con demasiada intensidad o velocidad. (Contrólate el pulso para ver si es éste el problema.) Si intentas mantenerte en el ejercicio más de 15-20 minutos, especialmente cuando estás empezando, podrás sufrir los mismos problemas que los derivados de practicarlo con demasiada frecuencia: tu cuerpo se «quejará» tanto que probablemente no querrás hacerlo demasiado a menudo.

Qué cantidad

Después de un período de 2-5 minutos de calentamiento progresivo, debes ir incrementando el ritmo y la intensidad de tus movimientos de manera que tu pulso aumente hasta su Frecuencia de Entrenamiento Cardíaco Aeróbico (FECA). Mantener tu frecuencia cardíaca en esta zona durante un período de tiempo no inferior a los 15-20 minutos es la base de todos los programas de entrenamiento aeróbico.

Utiliza estas simples fórmulas para determinar tu FECA:

220 – tu edad x 0,60 (ejercicios de principiante) = FECA
220 – tu edad x 0,70 (ejercicios de familiarizado) = FECA
220 – tu edad x 0,80 (ejercicios de experto) = FECA

Mantén tu ritmo cardíaco en la zona entre tu FECA y el nivel inmediatamente superior. El cuadro siguiente «detalla» la FECA de varios grupos de edad:

EDAD	FECA de princip.	FECA de famil.	FECA de experto
20	120-140	140-150	50-160
25	117-136	136-146	146-156
30	114-133	133-143	143-152
35	111-130	130-140	140-148
40	108-126	126-136	136-144
45	105-123	123-133	133-140
50	102-119	119-130	130-136
55	99-116	116-126	126-132
60	96-112	112-122	122-128
65	93-109	109-119	119-124
70	90-105	105-115	115-120

Comprobar la frecuencia del pulso cardíaco

Por qué

Para determinar si estás dentro de tu FECA, debes comprobar la frecuencia de tu pulso (por minuto) durante, inmediatamente después y cinco minutos después de haber concluido tu sesión de ejercicio aeróbico. Esto es especialmente importante cuando empiezas a practicar este tipo de ejercicio por primera vez; te dirá si estás trabajando excesivamente (por encima de tu FECA) o de manera insuficiente (por debajo de ella).

Durante e inmediatamente después de terminar el ejercicio, la frecuencia de tu pulso debe estar dentro de tu FECA. Cinco minutos después de haber finalizado la sesión de ejercicio, la frecuencia de tu pulso debe haber disminuido, como mínimo, por debajo de los 100 latidos por minuto; si no es así, es que has hecho un ejercicio demasiado duro para ti. En general, cuanto más rápidamente vuelva tu pulso a su frecuencia en reposo, en mejor condición física estás.

Cómo

Encuentra tu arteria carótida colocando tus dedos índice y corazón suavemente sobre tu cuello a los lados y ligeramente por encima de la nuez de la garganta, presiona suavemente con los dedos hasta sentir el pulso o bien halla tu pulso radial colocando esos mismos dedos sobre la cara palmar de tu muñeca en el lado del dedo pulgar, presiona suavemente hasta sentir el pulso. Ahora, cuenta el número de pulsaciones que se dan en un período de tiempo de 10 segundos y multiplica este número por seis para determinar tu frecuencia cardíaca por minuto.

Si haces los ejercicios demasiado intensa o rápidamente, la frecuencia de tu pulso por minuto estará por encima de tu FECA; te faltará el aliento y ni siquiera podrás decir tu nombre y dirección sin jadear para conseguir aire; te sentirás tembloroso, mareado y, probablemente, agotado; transpirarás excesivamente; parecerá que estás machacado; etc.

Si haces los ejercicios con poca intensidad o con demasiada lentitud, la frecuencia de tu pulso por minuto estará por debajo de tu FECA, apenas te faltará el aliento y podrás tararear tu nombre y dirección sin boquear para conseguir aire; te sentirás como si no hubieras hecho prácticamente ningún esfuerzo, parecerá que te tomas las cosas con tranquilidad; probablemente, ni siquiera transpirarás.

Períodos de calentamiento y enfriamiento

Es importante dedicar de 2 a 5 minutos al principio y al final de la sesión aeróbica a calentar y enfriar el cuerpo. Al empezar la sesión de ejercicios es necesario calentar lentamente y estirar los tejidos para que, cuando empieces a moverte con mayor rapidez, tus movimientos sean seguros y eficaces. Es como calentar el motor de un coche antes de pedirle que corra. Para cada una de las actividades aeróbicas se darán recomendaciones específicas sobre calentamiento, pero, en general, es una buena idea calentar haciendo la misma actividad específica a un ritmo mucho más lento e ir, gradualmente, aumentando el ritmo y el ángulo de movimiento (y, consecuentemente, tu ritmo cardíaco) hasta llegar a alcanzar tu FECA en 2-5 minutos aproximadamente.

El período de enfriamiento también es un factor de seguridad importante. Lo mejor que puedes hacer es dejar que tu «motor» se enfríe lentamente después de haberle hecho «correr» durante un buen rato a gran velocidad. A pesar de que en el enfriamiento se incluyen ejercicios específicos de estiramiento, normalmente consiste en ir reduciendo poco a poco el ritmo y la intensidad del ejercicio que estás realizando durante un tiempo de 2-5 minutos de manera que, cuando por fin te detengas, el ritmo de tu corazón esté por debajo de los 100 latidos por minuto.

Nota: tanto durante el calentamiento como durante el enfriamiento, te será muy útil controlar y ajustar tu patrón respiratorio. Realizando respiraciones purificadoras y calmantes, «alimentarás» a tus músculos y, al mismo tiempo, te desharás del dióxido de carbono que se ha ido acumulando. Si te falta el aliento es que estás apurando demasiado y perdiendo eficacia; reduce tu velocidad y haz algunas respiraciones purificadoras para volver a tomar el control de tu respiración y de tu «motor».

Marcha aeróbica

Calentamiento

Considéralo como tu primera y segunda marcha. Cuando es más eficaz caminar a esta velocidad es al levantarse, después de haber estado sentado o tumbado durante mucho rato. Sirve para calentar los músculos y lubricar las articulaciones. Es una buena forma de ejercicio para los trayectos cortos y se debe practicar a modo de calentamiento para la marcha aeróbica.

Cómo

Trata de moverte y de dar los pasos suave y relajadamente. Acelera y ralentiza tu paso de forma gradual. No «fuerces» tu motor a menos que ya hayas calentado lo suficiente y evita arrancar o detenerte bruscamente. Por unos momentos, concéntrate en mostrar una alineación corporal exageradamente recta y equilibrada; lleva a cabo todos los ajustes posturales que sean necesarios. Si previamente habías estado sentado, posición que tiende a inclinar, acortar y curvar el cuerpo, lo más adecuado será que te centres en aquellas imágenes que hacen que te endereces y descomprimas (por ejemplo, elevar cabeza/pecho [véase la página 80]). Habitúate a estirarte, abriendo y estirando los brazos, y a realizar respiraciones purificadoras y calmantes al empezar a moverte.

Caminar con paso largo y rápido

Considéralo como tu tercera, cuarta y quinta marcha. Podrás caminar de esta manera siempre que puedas aumentar tu velocidad y seguir caminando a un paso que consideres enérgico durante unos minutos o períodos de tiempo más largos. Esto mejorará la fuerza y flexibilidad de todo tu sistema. Si el esfuerzo te sitúa cerca de tu zona de entrenamiento cardíaco aeróbico y lo mantienes durante 15 minutos como mínimo, este tipo de marcha puede constituir para ti la mejor manera de mejorar tu capacidad aeróbica. Podrás recurrir a esta forma de caminar en tus desplazamientos diarios y/o específicamente como programa de ejercicio aeróbico.

Después de dos minutos de calentamiento, ve aumentando la velocidad de tu marcha hasta que tus pasos sean largos y rápidos (5-7'5 km/hora o 120-170 pasos por minuto).

Precauciones

Caminar a tanta velocidad te puede hacer caer en alineaciones problemáticas o poner en tensión tu musculatura. Por este motivo, debes asegurarte de que aplicas las recomendaciones correctamente descritas en el apartado «Cómo caminar» del capítulo 3. Si te concentras en la forma, podrás aumentar el número de calorías que quemas y mejorar tu tono muscular (véase la figura 5.104). Trata de hacer lo siguiente:

a) Mantén la cabeza nivelada y el cuerpo recto. Hacer de vez en cuando el movimiento de elevar cabeza/pecho (véase la página 80) te ayudará a ponerte recto automáticamente.

Figura 5.104

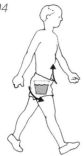

b) Mantén la pelvis nivelada. Si mantienes la pelvis estable y nivelada mientras caminas con paso largo y rápido, refuerzas de forma natural los músculos abdominales y glúteos. Contraer los abdominales hacia arriba y adentro durante cortos períodos de tiempo (de 20 segundos a 1 minuto) será el mejor y único ejercicio de potenciación abdominal que necesitarás hacer. Al mismo tiempo, mantén un ritmo respiratorio relajado.

c) Dar grandes pasos hacia adelante. Cuando lleves la pierna hacia adelante, mantén la punta del pie recta o ligeramente girada hacia fuera. Para alargar el paso, lleva la pierna bien lejos. Esto refuerza los músculos de la cara anterior de la pierna.

d) «Posar» y despegar correctamente el pie. Deberías apoyar en el suelo en primer lugar la parte externa del talón, luego apoyar el resto del pie y trasladar tu peso a la parte externa del mismo, para terminar despegando el pie del suelo empujándote con los pulpejos de éste y el dedo gordo. Concéntrate para «posar» el pie con suavidad, sin impacto. Trata de dar el impulso final haciendo fuerza con los músculos de la pantorrilla, la cara posterior del muslo y los glúteos para ganar velocidad, tono muscular y para quemar más calorías.

e) Balancea los brazos. Aumenta la amplitud y el ritmo del balanceo natural de tus brazos para favorecer tu propulsión. Cuando camines a una velocidad moderada, deja que tus brazos permanezcan prácticamente estirados (con el codo ligeramente flexionado), oscilando a modo de péndulos. Cuando camines a gran velocidad, automáticamente doblarás los codos de forma considerable para mejorar tu propulsión. Si fuerzas o exageras este balanceo, quemarás un 5-10% más de calorías. Evita tensar los hombros acercándolos a las orejas. Evita también girar o cruzar los brazos por delante de tu cuerpo; deben balancearse hacia adelante y hacia atrás.

Información diversa sobre la marcha aeróbica

- *Calzado para andar*: hoy en día hay en el mercado una gran variedad de buenas zapatillas tanto para andar como para correr. Sería conveniente que fueras a una tienda especializada en zapatillas para correr. Anda un poco con ellas y basa tu decisión en la comodidad, la estabilidad del refuerzo posterior y la capacidad de absorción de los impactos (véanse las páginas 100-102).
- *Superficie del terreno*: las superficies lisas y un poco elásticas o que «ceden» ligeramente son las mejores, como por ejemplo, pistas de atletismo, pistas de tierra, asfalto, etc. Las superficies duras (hormigón, enlosado, pavimento) pueden empeorar la sintomatología de quien corre sobre ellas debido a la excesiva compresión que provocan; sin embargo, se puede resolver parcialmente este problema utilizando unas plantillas almohadilladas y zapatos con gran capacidad de absorción de los impactos. Caminar sobre arena o sobre un terreno desigual puede provocar un aumento del dolor debido a la inestabilidad y al temblor que produce, por lo que, si es posible, se deben evitar estas superficies.
- *Pesos para manos o piernas*: si tienes síntomas en el cuello y/o en los brazos, evita llevar pesos en las manos, ya que éstos harán que te hundas, adoptando una alineación incorrecta, o que te tenses. Si utilizas pesos para los brazos, trata de mantener el pecho alto, los hombros bajos y el cuello relajado y bien alineado. Si te cuesta alcanzar tu FECA, llevar pesos en las piernas te ayudará a aumentar tu ritmo cardíaco; sin embargo, esto suele hacer que tu forma de caminar sea un poco desmañada. Si no tienes dificultad para alcanzar tu FECA sin usar pesos para brazos o piernas, no te molestes en utilizarlos.

Esquí de fondo

Constituye una actividad aeróbica magnífica, que se puede practicar en el esplendor invernal de la montaña o, si tienes una máquina que simula los movimientos de dicha actividad, en el calor e intimidad de tu hogar. Los movimientos son repetitivos y bastante fáciles de dominar, aunque puedan parecer un poco complicados al principio. Es una actividad bastante parecida a la de caminar, aunque la fase de propulsión o despegue, tanto de las piernas como de los brazos, es más enérgica que durante la marcha para poder impulsar el cuerpo sobre la superficie. El esquí de fondo refuerza los brazos, las piernas y el tronco antes que la marcha aeróbica y, quizá también, algo antes que la natación. Tiene menos riesgo de producir lesiones que correr y, al igual que la marcha, sus movimientos pueden ser especialmente beneficiosos para ciertas condiciones de la zona lumbar.

Si al caminar, nadar o tumbarte boca abajo disminuye tu dolor de espalda, si te gusta caminar con pasos grandes y si el invierno es para ti una estación agradable, entonces ¡el esquí de fondo es tu ejercicio!

Si estas posiciones o movimientos agravan tus síntomas o si consideras que caminar es aburrido y que en invierno hace un tiempo perfecto para quedarse en casa, ¡olvídate del esquí de fondo!

Movimientos correctos (véase la figura 5.105)

Cabeza/cuello, pecho y pelvis deberán tener una alineación neutra, recta y equilibrada. Mantendrás la pelvis estable, sin dejar que se incline hacia adelante, puesto que ya sabes percibir su colocación, y tus músculos abdominales y tus glúteos estarán ligeramente más potenciados. Mantendrás el pecho alto y abierto para favorecer una buena ventilación y una movilidad eficiente (enérgica y libre) de los brazos y las piernas. La cabeza y el cuello permanecerán cómodamente centrados sobre el tronco; para ellos esto es sólo un paseo, siguiendo sin esfuerzo al pecho.

Figura 5.105

Movimientos incorrectos

Evita mantener alineaciones exageradas o tensar la musculatura. Evita guiar el movimiento con la cabeza y el cuello (desplazados hacia adelante en relación al pecho). No mires constantemente hacia abajo ni hundas o dejes caer el pecho. Procura que no sobresalgan el abdomen y los glúteos.

Calentamiento y enfriamiento

Los conceptos de «calentamiento» y «enfriamiento» en el esquí de fondo son los mismos que para la marcha aeróbica. Un baño de remolino, un masaje y/o el uso de vibraciones después de una sesión de esquí de fondo son una buena forma de recompensar y reequilibrar tu sistema.

Carrera aeróbica

Si ya llevas tiempo practicando un tipo de ejercicio aeróbico, seguramente no lograrás que tu ritmo cardíaco alcance tu FECA caminando. Una opción puede ser iniciar un programa de carrera lenta. A pesar de que correr no siempre provoca un aumento del dolor lumbar y cervical, al pasar del simple caminar a la carrera se produce un aumento evidente de la compresión o sobrecarga tanto en las piernas como en la columna. Así pues, si notas que al correr tu sintomatología empeora, cambia de actividad aeróbica.

Cómo

Aquí se podría aplicar toda la información del apartado «Cómo caminar» del capítulo 3 y la de los apartados «Marcha aeróbica» y «Esquí de fondo» de este capítulo: tono muscular relajado y alineación equilibrada de la cabeza sobre el tronco y del tronco sobre la pelvis, zapatillas deportivas estables y con capacidad de amortiguación y utilización de un terreno liso y «flexible». Presta especial atención a la forma o estilo. Normalmente, al correr se exageran todas las tendencias posturales negativas que se dan al caminar. Por lo tanto, aplica los mismos métodos mencionados en los apartados anteriores para corregir estas tendencias.

Movimientos correctos (véase la figura 5.106)

- Corre con la cabeza nivelada y el cuerpo recto. Mantén una expresión relajada y tranquila, ¡como si lo que estás haciendo no te costara nada! Mantén la cabeza equilibrada y centrada sobre el pecho. Mantén el cuello prácticamente relajado; imagínate que tu cabeza está apoyada sobre un pedestal, representado por tu tronco, y que está siendo transportada hacia adelante por tu pecho, el cual dirige y guía el movimiento.

Figura 5.106

- Mantén el pecho alto, relajado y abierto. Elévalo al inspirar y consérvalo arriba al expulsar el aire. Imagínate que una cuerda tira de tu pecho hacia arriba y adelante al mismo tiempo.
- Deberías mantener los hombros y los codos abajo, pero libres, llevándolos hacia adelante hasta ponerlos casi paralelos al suelo y empujándolos hacia atrás para favorecer tu propulsión. Haz que, sutilmente, trabajen para ti. Estabiliza y relaja tu torso, manteniéndolo relativamente quieto, mientras mueves y te impulsas con los brazos. Lleva un brazo hacia adelante y empuja el otro hacia atrás.
- Deberías mantener tu cubo pélvico nivelado, estable y quieto. Según cuál sea tu tendencia postural, quizá debas contraer la parte inferior del abdomen y/o glúteos para evitar que la pelvis se incline hacia adelante.
- Concéntrate en mantener las piernas bien alineadas y en apoyar el pie con suavidad. Sigue las mismas recomendaciones que las hechas para la «Marcha aeróbica».
- Mantén la cabeza, el pecho y la pelvis rectos, nivelados y mirando en la misma dirección. Imagínate que son cajas transportadas hacia adelante; no dejes que se bamboleen ni que una gire sobre la otra; siente cómo tus brazos y piernas las mantienen verticales y niveladas al mismo tiempo que las llevan hacia adelante.

Movimientos incorrectos

- Evita correr con el cuerpo hundido o en tensión: la tensión de la cara expresa malestar/dolor, hastío o aburrimiento. La cabeza está desplazada hacia adelante; los hombros están curvados y contraídos hacia arriba y los codos sobresalen por detrás de la espalda; el pecho está hundido porque la fuerte tensión del abdomen tira de él hacia abajo; la zona lumbar está plana o curvada hacia fuera con el sacro metido hacia dentro (véase la figura 5.107).
- Evita correr con el cuerpo recto: es lo mismo que correr con el cuerpo en tensión, pero esta vez con un arco lumbar anterior aumentado que hace que la barbilla, el cuello y el abdomen sobresalgan por delante y los glúteos por detrás (véase la figura 5.108).
- Evita correr de forma desmañada: la falta de estabilidad y de tono muscular hacen que al correr se produzca temblor, rotaciones e inclinaciones laterales de la cabeza, pecho, pelvis, rodillas y/o tobillos (véase la figura 5.109).

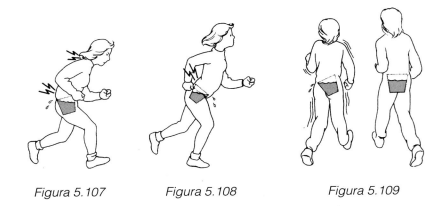

Figura 5.107   *Figura 5.108*   *Figura 5.109*

Enfriamiento

El enfriamiento es el mismo que para la marcha aeróbica, aunque aquí todavía es más importante hacer estiramientos de los músculos de la pantorrilla.

Natación aeróbica

La mayor ventaja del agua es que, al mismo tiempo que da seguridad y disminuye la compresión y la carga en las articulaciones del cuerpo, también proporciona una gran resistencia a los movimientos, de manera que, cuanto más rápidamente se mueve el cuerpo, con mayor dureza tienen que trabajar los músculos. Es un buen lugar para relajarse, reforzar la estructura y mejorar la resistencia.

Movimientos correctos (véase la figura 5.110):

- Piensa que dentro del agua debes moverte suave, eficaz y tranquilamente, sea cual sea el estilo de natación que estés practicando.
- Mantén el cuello y la cabeza en una alineación prácticamente neutra. Por ejemplo, cuando nades a crol, afloja la cabeza dentro del agua de forma que quede encarada al fondo de la piscina en línea recta con tu pecho.
- Cuando te gires para coger aire, mantén la barbilla metida hacia adentro y deja que la parte superior de tu cuerpo gire un poco en sincronización con tu cabeza para que el cuello no se vea forzado a girar tanto.

- Mantén la zona lumbar y la pelvis en una posición neutra contrayendo suavemente hacia arriba y adentro tus músculos abdominales inferiores.

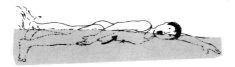

Figura 5.110

Movimientos incorrectos (véase la figura 5.111)

- Evita mantener la cabeza y la cara levantadas para que el cuello no quede en tensión y su parte superior no quede arqueada hacia atrás. Este hábito postural tiende a retorcer el cuello al intentar girarlo para coger aire. Algunas personas adoptan esta postura para no meter el pelo o los ojos dentro del agua.
- No dejes que la zona lumbar se arquee excesivamente de manera que el abdomen sobresalga por abajo y los glúteos por arriba. Normalmente, esto sucede porque el cuerpo flota demasiado y es más probable que ocurra si ésta es la tendencia postural de la persona fuera del agua.
- Evita chapotear, salpicar con el agua y no sincronizar los movimientos de brazos y piernas. Este tipo de movimientos inclina y ladea la cabeza, el tronco y la pelvis en distintas direcciones. Procura, por tanto, no agitar el agua.

Figura 5.111

Calentamiento y enfriamiento

Quédate unos minutos dentro del agua para relajar y estirar el cuello y los hombros. Si vas acelerando tus movimientos de forma gradual (calentamiento) y luego desacelerándolos (enfriamiento), alcanzarás tu FECA y minimizarás el riesgo de sufrir sobrecarga o malestar. Si después de nadar tienes dolor en el cuello o en la zona lumbar, procura aliviarlo haciendo los siguientes ejercicios: rodillas al pecho, estiramiento y descompresión cervical y relajación cervical (véanse las páginas 165-166, 46-48 y 159-162).

Ejercicios aeróbicos en la piscina

Esta actividad ofrece toda la diversión, toda la variedad y todos los beneficios del baile aeróbico, pero sin la compresión y la sobrecarga que puede acarrear hacer este tipo de movimientos a toda velocidad sobre tierra firme.

Cuanto más deprisa te mueves, mayor resistencia opone el agua a tus desplazamientos, lo cual aumentará tu frecuencia cardíaca. Asegúrate de mantener tu ritmo cardíaco dentro de tu FECA, ¡ni demasiado rápido ni demasiado lento!

Mantén una alineación corporal en bipedestación exageradamente correcta, recta y equilibrada mientras hagas estos movimientos. Une los ejercicios descritos a continuación en el orden que quieras y repite las secuencias tantas veces como sea necesario con el fin de lograr los requisitos básicos del ejercicio aeróbico (15-20 minutos a tu FECA). Si la duración de los ejercicios no supera los 15 minutos, éstos te habrán servido, como mínimo, para reforzar tu estructura. Si quieres más resistencia para los brazos, mantén los dedos de las manos juntos y estirados mientras te mueves.

HACER BARRIDOS CON LAS PIERNAS DE LADO: colócate de frente a uno de los lados de la piscina y apoya los dos brazos sobre el bordillo. Mantén la pelvis y el tronco rectos y paralelos al borde de la piscina. Separa lateralmente una pierna hasta donde puedas, pero sin inclinar el tronco ni acusar malestar. Lleva de nuevo la pierna hacia adentro cruzándola por delante de la que está apoyada en el suelo. Vuelve a separar lateralmente la pierna y luego vuelve a arrastrarla hacia adentro, pero esta vez cruzándola por detrás de la pierna apoyada en el suelo. No permitas que la cabeza, el torso o la pelvis se inclinen o giren. Repite esta secuencia 20-30 veces con cada pierna.
ELEVACIONES DE PIERNA EN BIPEDESTACIÓN (hacia adelante, hacia atrás y de lado; véanse las páginas 193-195): repítelo 20-30 veces con cada pierna a un ritmo que te mantenga dentro de tu FECA.

CORRER EN EL SITIO: corre con buen estilo (véanse las páginas 214-216), pero apoyando en el suelo sólo los pulpejos de los pies. Para obtener mayor resistencia, aumenta la velocidad y exagera el balanceo de los brazos (con los codos doblados). El agua debe llegarte justo por debajo de los hombros.

ABRIR Y CERRAR LOS BRAZOS CRUZÁNDOLOS: separa los pies más que el nivel de tus hombros y agáchate hasta que éstos queden sumergidos en el agua. Empieza colocando tus brazos rectos enfrente de ti. Ahora, ábrelos hasta que queden situados a los lados con las palmas de las manos hacia arriba. Finalmente vuelve a cerrarlos hasta cruzarlos por delante de tu cuerpo. Repite este ejercicio 20-30 veces. Mantén una alineación recta, neutra y relajada de la cabeza, el tronco y la pelvis.

SALTAR ABRIENDO PIERNAS Y BRAZOS: ponte de pie de puntillas y con los pies juntos (el agua a la altura de tus hombros), salta abriendo simultáneamente las piernas y los brazos, de manera que tu cuerpo quede más sumergido en el agua y los brazos a nivel de la superficie de la misma. Salta de nuevo cerrando las piernas y bajando los brazos al mismo tiempo. Repite esta secuencia 10-30 veces.

GIROS CONTRA RESISTENCIA: donde el agua te cubra poco, agáchate con los pies muy separados y procura adoptar una posición estable. Entrelaza los dedos de las manos y estira los brazos hacia adelante con las palmas mirando hacia ti. Mueve los brazos juntos hacia uno y otro lado como si tuvieras un palo y lo balancearas horizontalmente. Procura que cabeza, hombros, tronco y pelvis se muevan de forma sincronizada (en la misma dirección y al mismo tiempo). Deja que tu cuerpo se mueva como una unidad, girando y pivotando sobre las piernas y las puntas de los pies. Repite el movimiento de un lado a otro 10-30 veces.

ESQUÍ DE FONDO ACUÁTICO: ponte de pie donde el agua te cubra hasta la altura de los hombros y sigue los mismos consejos que los dados anteriormente para practicar esquí de fondo. Simplemente alterna las grandes zancadas hacia adelante de ambos pies y brazos mientras mantienes una postura erguida y correcta (el pecho debe quedar ligeramente inclinado hacia adelante). No te moverás del sitio, puesto que tus pies planean sobre el agua y no directamente sobre el suelo de la piscina. Continúa durante 3-5 minutos.

Bicicleta aeróbica

Además de los habituales beneficios aeróbicos, esta actividad va muy bien para estirar y fortalecer las piernas. Puede provocar muy poca sobrecarga tanto en la zona lumbar como cervical si se practica con una buena alineación corporal, con una bicicleta decente y si se circula por superficies relativamente lisas.

Calentamiento

Antes de montar en bicicleta no es necesario hacer ejercicios específicos, pero, si previamente has estado sentado durante mucho rato o te notas el cuello rígido, deberías hacer los ejercicios indicados para estirar y relajar estas regiones. Si desde un principio te sientes relativamente bien, calienta simplemente caminando y/o pedaleando a una velocidad o con una resistencia gradualmente mayores.

Movimientos correctos al ir en bicicleta (véase la figura 5.112):

- Mantén el cuerpo recto y relajado procurando recolocar la pelvis (véanse las páginas 71-72), trasladar sobre los brazos parte de tu peso y mantener el pecho arriba. Si le pones a la bicicleta un manillar alto/de paseo, automáticamente adoptarás una alineación más correcta.
- Es importante colocar el sillín a la altura adecuada. Ponte a horcajadas sobre la bicicleta con las puntas de los pies apoyadas en el suelo. El borde anterior del sillín debe quedar a la altura de la parte inferior de los glúteos. Al pedalear, tanto la cadera como la rodilla de la pierna de abajo deben quedar prácticamente estiradas antes de volver a flexionarse. Si el asiento está demasiado alto, deberás inclinar la pelvis hacia abajo lateralmente para poder llegar al pedal cuando éste se halle abajo del todo, haciendo que tu espalda gire y se arquee excesivamente. Un asiento demasiado bajo facilitará el hundimiento de la espalda, provocará mayor sobrecarga en la columna y hará que la rodilla y la cadera trabajen incorrectamente.
- Muévete y cambia de posición cuando lo necesites para estar más cómodo. Relaja el cuello, gira la cabeza y mira hacia los lados. De tanto en tanto, inclina la cabeza hacia adelante/abajo para aflojar la tensión acumulada en la base de la nuca y parte superior del cuello. Esto es especialmente importante si montas una bicicleta de carreras.

Figura 5.112

- Bascula lentamente la zona lumbar. Si tu zona lumbar se está poniendo rígida, arquéala hacia adelante y cúrvala hacia atrás alternativamente con una amplitud de movimiento pequeña y confortable. Repite este movimiento 3-5 veces.
- Procura que la compresión y el impacto sean mínimos. Esto significará cambiar el pequeño y duro sillín de carreras por otro modelo mayor, más cómodo y con amortiguadores o con un relleno acolchado que absorba bien los impactos. También te pueden servir las fundas para sillines. Las hay que están especialmente diseñadas para reducir la presión y el impacto. Las fundas de piel de cordero, etc. evidentemente mejoran un sillín desnudo, pero, frente a las fundas de caucho, su capacidad de absorción de los impactos deja bastante que desear. Para reducir la irritación de los brazos, cuello o cabeza pon en el manillar una funda de espuma o de cinta o utiliza guantes acolchados. Si todavía quieres que la práctica de este deporte sea para ti aún más suave y libre de impactos, pregunta a un especialista en bicicletas de tu localidad sobre neumáticos especiales o soportes para el sillín con control del impacto.

Reducir la compresión y el impacto mediante la exhibición de un buen estilo de montar en bicicleta es bastante sencillo. Cuando circules por un terreno accidentado o estés cansado de estar tanto tiempo sentado, apóyate con más fuerza sobre manos y pies al tiempo que descargas peso del sillín; en otras palabras, deja que la fuerza se reparta entre las piernas y los brazos antes de que llegue a tu espalda. Intenta «ponerte de pie» con una pierna estirada y la otra doblada o con las dos piernas semi-estiradas y déjate ir un poco hacia adelante apoyándote más sobre los brazos. Obviamente, no intentes hacer estos movimientos si, para empezar, tienes poco equilibrio.

- Alcanza y mantente dentro de tu FECA. Como es prácticamente imposible controlar la frecuencia de tu pulso a menos que te detengas, es importante (y conveniente) que prestes más atención a tu respiración para poder mantenerte dentro de tu FECA.

Figura 5.113

Movimientos incorrectos (véase la figura 5.113)

- Evita que la cabeza cuelgue hacia adelante y/o desplace el cuello hacia adelante. Estas posturas se pueden evitar si se mantiene el pecho recto. Tan pronto como el pecho se hunde, la cabeza cae hacia adelante, por lo que, para ver la carretera, se debe tensar el cuello hacia arriba, lo cual conduce rápidamente a la irritación de los tejidos blandos y de las articulaciones. Usar una bicicleta con manillar de carreras suele comportar este problema. Utiliza este tipo de manillar si tienes que competir, pero, si no es así, cámbialo por otro alto/de paseo. Si no quieres cambiarlo, por lo menos manda preparar los mangos de los frenos de tal modo que puedas ir con las manos apoyadas sobre la parte superior del manillar.

- Montar en bicicleta con el cuerpo hundido provoca más compresión. Estar sentado con la espalda curvada hacia atrás y el sacro metido hacia dentro puede resultar nefasto para tu condición, sobre todo si circulas por una carretera con baches. Esto puede suceder con cualquier tipo de manillar, pero es un problema característico de los manillares de carreras. Si tienes tendencia a adoptar este tipo de alineación, comprueba la altura de tu sillín porque posiblemente está demasiado bajo.
- No permanezcas en la misma posición durante mucho tiempo seguido. Tanto si estás con una alineación relativamente correcta como incorrecta, mantener la misma posición durante mucho tiempo provoca la aparición precoz de sobrecarga, fatiga y malestar.

Enfriamiento

Haz lo mismo que en el calentamiento, pero en sentido inverso. Si no sientes malestar o rigidez, simplemente ve disminuyendo la velocidad hasta detenerte completamente. Si tienes algunas molestias, deberías incluir en tu período de enfriamiento aquellos ejercicios de relajación y estiramiento que te van mejor (después de haber hecho 5 minutos de enfriamiento regular). Los ejercicios de estiramiento y descompresión cervical, relajación cervical, rotaciones de columna y flexiones seguramente serán los que mejor te irán (véanse las páginas 46-48, 159-162, 163-164, 167).

Baile aeróbico

Esta popular forma de ejercicio aeróbico te ayudará a reforzar y a mejorar la flexibilidad de toda tu estructura. Si casi no tienes molestias cuando realizas tus actividades de pie y si te gusta bailar al ritmo de la música, ¡deberías probarlo! Si el hecho de estar de pie y/o de levantar los brazos hacia arriba parece que agrava tu dolor y/o si no te gusta bailar, será mejor que no lo pruebes.

La manera más importante de asegurarse de que la espalda se mantendrá cómoda y de que se reforzará con la práctica de este tipo de ejercicio es manteniendo una buena alineación de la cabeza, del pecho y de la pelvis. Los malos resultados suelen ser consecuencia de moverse con excesiva rapidez, levantar demasiado los brazos y las piernas hacia arriba, golpear el suelo con brusquedad, inclinarse de manera incorrecta y no prestar atención a la alineación general de la columna o no controlarla.

Calentamiento

Cualquier clase o cinta de vídeo mínimamente idónea sobre aeróbic debería contar con una fase de calentamiento. En general, puedes hacer un calentamiento a base de andar o de practicar los mismos movimientos del baile aeróbico, pero a un ritmo más lento. Para flexibilizar y dar a tu estructura la amplitud de movimientos necesaria, cualquiera de los ejercicios de relajación y estiramiento te servirá de ayuda, especialmente los siguientes: relajación cervical, rotaciones de columna, estiramiento de los músculos isquiotibiales, estiramiento de los músculos flexores de cadera y estiramiento de los músculos de la pantorrilla (véanse las páginas 159-162, 163-164, 169-170, 174-175, 173-174). Evita los típicos e incorrectos ejercicios de estiramiento ilustrados en las figuras 5.39 y 5.48.

Baile aeróbico de bajo impacto

Esta forma de baile aeróbico significa tener, como mínimo, un pie constantemente apoyado en el suelo, por lo que los saltos o brincos no tienen cabida y, como consecuencia, el cuerpo recibe impactos mucho menos intensos. Deberías probar esta forma de aeróbic en primer lugar. Si notaras que tu sintomatología empeora, ¡ni se te ocurra probar las clases de alto impacto!

El aeróbic con steps está considerado de bajo impacto. Implica subir y bajar repetidamente de steps de distintas alturas mientras se van moviendo los brazos hacia arriba y a los lados. El aeróbic con steps puede ser un ejercicio excelente si se hace de la forma adecuada y sin correr. Desgraciadamente, se suele poner el énfasis en la velocidad, lo que hace que se haga de mala manera (curvando o arqueando excesivamente la zona lumbar, dejando caer hacia adelante la parte superior de la espalda y el cuello, arqueando el cuello hacia atrás).

Baile aeróbico de alto impacto

Esta forma de baile aeróbico te permite «volar» mucho más. Debido a la amplia gama de movimientos que en él se desarrollan, algunas personas lo encuentran más divertido y estimulante. Sin embargo, si notas que la intensidad del impacto agrava tu sintomatología, cámbiate otra vez a las clases de bajo impacto.

Movimientos correctos

- Exagera y mantén tu mejor alineación mientras haces aeróbic. Concéntrate para mantener la cabeza, el pecho y la pelvis rectos, equilibrados y estables mientras te mueves de aquí para allá. Mírate en un espejo para controlar mejor y conservar esta alineación.

- Cuando des patadas hacia adelante, eleves las piernas o hagas marcha, céntrate en mantener el pecho recto y alto; no levantes las piernas ni tan arriba ni tan deprisa como para que te hagan agachar el cuerpo. Concéntrate para hacer los movimientos específicos de las piernas con suavidad y conservando rectos y relajados la cabeza y el pecho (véase la figura 5.114).

- Cuando levantes los brazos por encima de la cabeza, mantén cabeza y pelvis niveladas (véanse los reajustes posturales nivelación de la pelvis y elevación de pecho y cabeza, páginas 90 y 80). Evita la tendencia a llevar hacia adelante o a dejar caer la cabeza. Evita llevar hacia fuera abdomen y glúteos al levantar los brazos (véase la figura 5.115).

Figura 5.114

- Mantén las piernas bien alineadas. Procura mantener las rodillas en equilibrio sobre el centro de los pies. Tanto al marchar como al avanzar hacia adelante, como al flexionar las piernas, las rodillas deben seguir la misma dirección que los pies y deben quedar situadas directamente sobre éstos. ¡Que nunca tu rodilla vaya por delante de tu pie!

- Intenta posar el pie en el suelo con suavidad. Tanto si al saltar caes sobre los pulpejos de los pies como si lo haces más cerca del talón, podrás amortiguar en parte el impacto si intentas caer con más suavidad. Infórmate sobre los nuevos modelos de zapatillas diseñadas específicamente para hacer aeróbic. Éstas deben tener un refuerzo posterior estable y una buena capacidad de absorción del impacto.

- Practica el baile aeróbico sobre superficies lisas y llanas que «cedan» un poco a la presión, como

Figura 5.115

por ejemplo suelos de goma o madera o suelos especiales para hacer aeróbic. Los suelos de cemento o los suelos enmoquetados no son apropiados para practicar aeróbic.

Movimientos incorrectos

- Evita inclinarte hacia adelante de pie con las rodillas estiradas, igual que cuando intentas tocarte la punta de los pies (véanse las figuras 5.40, 5.41). Estos movimientos son potencialmente lesivos y no aportan ningún beneficio a tu salud, así que, si el resto de la clase sigue haciendo este tipo de ejercicios, tú sustitúyelos por flexiones parciales de rodillas con los pies separados. Esto te servirá para mejorar la fuerza y flexibilidad de tus piernas, al mismo tiempo que mejorará la estabilidad de tu columna.
- Evita esforzarte demasiado. Hay mucha gente que tiene la costumbre de practicar el baile aeróbico ostensiblemente por encima de su FECA. Esto no es aeróbic; más bien es un estrés físico negativo que el cuerpo no agradece. Uno de los problemas de seguir una clase o a un monitor es que a veces se quiere seguir su ritmo o hacer los ejercicios tal y como han programado en vez de escuchar al propio cuerpo. Deberías ser tú el monitor de tu sistema y aflojar el ritmo de tus movimientos cuando lo necesites para asegurar que te mantienes dentro de tu FECA.
- Ten cuidado con los monitores demasiado entusiastas o con la presión que uno mismo se crea al ver a los demás. Sí, los monitores y los compañeros pueden ayudarte con su motivación, pero no te preocupes tanto por moverte con más rapidez, levantar más la pierna o estar sincronizado con el resto de la clase. Escucha y observa tu cuerpo en el espejo: haz lo que necesites para mejorar en el acto tu postura y tu tono (muscular y emocional). A veces esto significa hacer ejercicios diferentes a los que hace el resto de la clase, ejercicios que te mantengan en tu FECA, pero que no te provoquen más dolor.
- Ten cuidado con las sesiones maratonianas de aeróbic a menos que tu cuerpo las soporte sin problema. Muchas clases de aeróbic duran una hora. En ellas se suele incluir un calentamiento y un enfriamiento. Están bien si estás preparado para hacer 40 minutos de ejercicio aeróbico, pero no si acabas de empezar a practicar este tipo de actividad. Al principio, no esperes aguantar más de 15 minutos haciendo aeróbic (en tu FECA).

Enfriamiento

Sencillamente ve reduciendo la intensidad y el ritmo de tus movimientos y también la amplitud de los mismos hasta que tu frecuencia cardíaca disminuya hasta por debajo de los 100 latidos por minuto. Después de practicar aeróbic no suele ser necesario hacer estiramientos musculares, puesto que la mayoría de músculos y articulaciones ya se han «movilizado» durante el ejercicio. A pesar de ello, estirar los músculos de la pantorrilla nunca está de más (véanse las páginas 173-174).

Máquinas de remo

La popularidad de estas máquinas ha resurgido y ha cobrado nuevo vigor en estos últimos años, razón por la cual las tratamos aquí. En muchos casos no se deben elegir como la actividad aeróbica principal. La posición y el movimiento que implican pueden sobrecargar significativamente el cuello y la zona lumbar, sobre todo si se tiene en cuenta la posición y la cantidad de repeticiones que se efectúan. Y quizá sea mejor que ni siquiera se haga el intento de probarlas si los síntomas empeoran al sentarse, inclinarse hacia adelante y/o agacharse y levantarse.

Si, por el contrario, te sientes cómodo estando sentado y puedes usar la máquina correctamente, remar puede ser una buena forma de fortalecer brazos, piernas y tronco. Para trabajar correctamente en estas máquinas es necesario un esfuerzo mayor y algo más de atención.

Calentamiento

Como esta actividad se realiza en sedestación, lo más apropiado es hacer un calentamiento a base de caminar. También puedes dedicar uno o dos minutos a remar a un ritmo tranquilo mientras vas buscando la buena postura y adaptándote al ejercicio. Ve acelerando el ritmo gradualmente hasta que tu cuerpo trabaje dentro de tu FECA.

Movimientos correctos (véase la figura 5.116)

- Al sentarte en la máquina, exagera tu recolocación pélvica (véanse las páginas 71-72) para que tu cóccix vaya lo más posible hacia atrás, con la columna lumbar recta y el pecho también recto. Mantén la cabeza recta y nivelada.

- Mantén esta alineación mientras simultáneamente empujas con las piernas y atraes los brazos hacia ti. Durante esta fase del movimiento, mantén de forma exagerada la pared frontal del pecho alta y vertical. Esto hará que, automáticamente, tu región lumbar y cervical/cabeza se mantengan perfectamente bien alineadas.

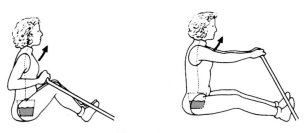

Figura 5.116

Movimientos incorrectos (véase la figura 5.117)

- Es muy frecuente que la espalda se hunda haciendo esta actividad. Observa cómo al darse esta situación, tu pecho se ve arrastrado hacia abajo, tu cabeza se desplaza hacia adelante y cómo tu zona lumbar se curva hacia fuera quedando comprimida.
- Evita inclinarte hacia atrás al hacer el esfuerzo. Esto minimiza la potenciación de los brazos y de las piernas al tiempo que sobrecarga y tensa la columna.

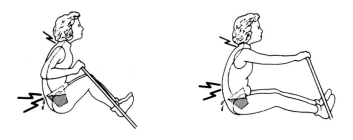

Figura 5.117

Enfriamiento

Caminar es la mejor actividad para enfriar el cuerpo después de remar porque ayuda a estirar y descomprimir toda la estructura. También comparten este fin los siguientes ejercicios de estiramiento y relajación: relajación cervical, estiramiento y descompresión cervical, rotaciones de columna —fase de la parte inferior del cuerpo—, flexiones y/o de pie inclinado hacia atrás y estiramiento con barra arriba (véanse las páginas 159-162, 46-48, 163-164, 167, 35 y 176-178).

Conclusión

El principal objetivo de este libro ha sido proporcionarte los métodos de autotratamiento relacionados con la postura, la mecánica corporal, la respiración, la visualización, el ejercicio y otras estrategias para controlar el dolor. Si a estas alturas todavía tienes preguntas, si crees que necesitas más consejos o si sospechas que necesitas un tratamiento «manual», lo más conveniente será que consultes a un fisioterapeuta o a un médico con experiencia en el cuidado de personas con dolor cervical o lumbar. Aunque no lleves a cabo un programa completo de rehabilitación, una consulta con dichos profesionales te ayudará a establecer un buen programa de autotratamiento.

Hay muchas formas de encontrar un fisioterapeuta. Puedes empezar preguntando a tus amigos, a tu familia, a tus compañeros de trabajo o a tu médico por un fisioterapeuta al que hayan acudido ellos y con el que hayan tenido una experiencia positiva. También puedes ponerte en contacto con la asociación o colegio de fisioterapeutas de tu localidad o país. Ellos te podrán dar nombres de fisioterapeutas que vivan en tu ciudad. Otra opción es averiguar si en la universidad que tengas más cerca hay una escuela de fisioterapia. Si es así, en su oficina te informarán sobre cómo contactar con un fisioterapeuta experimentado. En los hospitales suele haber un departamento de fisioterapia y probablemente haya también centros privados no muy lejos de tu casa.

En Estados Unidos casi la mitad de sus Estados tiene legislado un acceso directo a la fisioterapia. Esto significa que para solicitar hora de consulta con un fisioterapeuta, legalmente no es necesaria una petición hecha por el médico. Tanto si tu país permite el acceso directo como si no, muchas compañías de seguros o mutuas médicas piden la solicitud del médico antes de acceder a pagar los servicios de

fisioterapia. Si no tienes claro si tu seguro o mutua cubre estos trata-
mientos, infórmate llamando al servicio de atención al cliente del
mismo.

Tienes todo el derecho a buscar y elegir a tu fisioterapeuta. Na-
die te puede obligar a que acudas al terapeuta que él o ella te diga. Lo
importante es que, si no estás satisfecho con el profesional que te está
tratando, está en tu derecho buscarte otro en beneficio de tus inte-
reses.

Después de examinarte detenidamente, tu fisioterapeuta debería
poder darte alguna de las siguientes soluciones: recomendaciones sobre posturas y movimientos específicos; posiciones, ejercicios y otras
técnicas (electroterapia, tracción, fajas, calor, frío, etc.) para aliviar el
dolor; ejercicios para mejorar tu flexibilidad, fuerza y resistencia; y/o
técnicas de terapia manual de los tejidos blandos y movilizaciones
articulares para reequilibrar tus sistemas eléctrico y estructural.

Para terminar, te diré que tú decides si quires llevar el control de
tu cuerpo y de su dolor. Este libro te ofrece la materia prima para que
empieces a desarrollar movimientos correctos y a disminuir la presencia de movimientos incorrectos en tu vida diaria. Aférrate a aquellas recomendaciones que ves que alivian tu dolor. Dale tiempo a tu
cuerpo para que aprenda estos métodos y también para curarse.

Glosario

- **Aeróbico:** hace referencia a las actividades en las que se usa el oxígeno como el principal combustible para producir la energía que se necesita para funcionar. Las actividades aeróbicas son especialmente útiles en el metabolismo de las células grasas y facilitan la producción y liberación de las beta-endorfinas del cuerpo (alivio químico del dolor). Generalmente se recomienda realizar el ejercicio aeróbico por lo menos tres veces por semana, con una duración mínima de 15-20 minutos, durante la cual la frecuencia cardíaca debe estar dentro de la FECA propia de cada individuo. Como ejemplos clásicos se incluye caminar, correr o ir en bicicleta, siempre y cuando se mantengan con la intensidad y duración apropiadas.
- **Alineación correcta exagerada:** al hacer los ejercicios de ajuste postural, tu cuerpo pasa de una alineación pobre a esta otra alineación. La alineación correcta exagerada representa casi una sobrecorrección de la alineación postural que debes mantener de forma consciente y con la cual te debes observar en un espejo durante cortos períodos de tiempo (10-30 segundos). Esta sobrecorrección te ayudará a cambiar tu «ordenador» postural para que reconozca como tuya esta nueva y mejorada alineación. De esta forma, cuando te relajes y dejes de mantenerte en esa exagerada alineación, tu cuerpo se quedará en una alineación mejor y más neutra; en otras palabras, por un tiempo no volverá por completo a tu habitual e incorrecta alineación. Con el tiempo, a base de repetir varias veces al día los ejercicios de ajuste postural que hacen que adoptes dicha alineación correcta exagerada, la tuya empezará realmente a mejorar.
- **Alineación neutra:** se refiere al equilibrio óptimo de los bloques corporales lateralmente y de delante a atrás. A la posición neutra se llega reproduciendo primero la alineación correcta exagerada para luego, poco a poco, irse relajando. La alineación mejorada resultante es la neutra en ese momento. Puede ir mejorando con el tiempo.
- **Amplitud de movimiento:** hace referencia a la cantidad de movimiento. En general, deberías evitar llevar los movimientos hasta límites que te pro-

voquen incomodidad o dolor. Por otro lado, deberías tratar de que la amplitud de tus movimientos sea lo mayor posible dentro de los límites ilustrados en este libro, siempre y cuando no sientas molestias y conserves una buena alineación.

• **Anaeróbico:** hace referencia a las actividades desarrolladas con una intensidad o frecuencia tan altas que el oxígeno no puede proporcionar con la suficiente rapidez el combustible necesario. Como ejemplos clásicos destacan el levantamiento de pesas o correr los 100 metros lisos. Las actividades anaeróbicas ayudan a fortalecer el cuerpo, pero pueden agravar el dolor si se realizan con una intensidad excesiva.

• **Base de sustentación:** en bipedestación tu base de sustentación está representada por el área que hay bajo tus pies. Si tiendes a poner los pies juntos, tu base de sustentación disminuye, lo que da como resultado una mayor tensión muscular, un gasto energético mayor y, en definitiva, una sobrecarga corporal. Si tiendes a separar mucho los pies (separados lateralmente o uno delante y otro detrás), tu base de sustentación aumenta, lo que favorece una menor tensión muscular, un ahorro energético y una menor sobrecarga de tu cuerpo. Siempre que estés de pie en el mismo sitio durante un rato, o siempre que inclines el cuerpo hacia algún lado, separa los pies para aumentar tu base de sustentación.

• **«Bloques» corporales:** resultan de imaginar que el cuerpo está formado por una serie de cajas o bloques apilados uno encima del otro. Cada uno de los grandes segmentos representa un bloque: por ejemplo, cada pie es un bloque, cada muslo es un bloque, la pelvis es otro bloque, el tronco es un gran bloque que abarca el pecho y la espalda, etc. Visualizar estos bloques te ayuda a mejorar tu alineación corporal, sobre todo cuando estás de pie o caminando.

• **Cardiovascular:** hace referencia al sistema que incluye el corazón, las arterias y las venas (sistema circulatorio). La salud de este sistema mejora mucho mediante la actividad aeróbica.

• **Circuitos de bienestar:** son circuitos eléctricos que llevan mensajes de bienestar a las distintas partes del cuerpo. Estos circuitos se pueden activar mediante pensamientos positivos y patrones respiratorios apropiados, una mecánica corporal y una postura correcta, el uso de «remedios» contra el dolor y ciclos de actividad-descanso equilibrados.

• **Circuitos de dolor:** son circuitos eléctricos que transportan mensajes dolorosos por el cuerpo. Los pensamientos y patrones respiratorios negativos, las posturas y la mecánica corporal mediocres y un exceso o un defecto de actividad pueden activar estos circuitos.

• **Compresión:** describe la presión de la gravedad sobre el sistema estructural del cuerpo. La fuerza de la gravedad aumenta cuando la postura es pobre y/o no hay la correcta tensión muscular, aspectos que suelen verse agravados por el frío, el dolor, la ira, el miedo o la depresión. Con el tiempo, un nivel de compresión alto puede provocar desgaste del sistema estructural, haciéndolo más vulnerable a sufrir lesiones y dolor.

- **Contracción:** es la tensión creada por la actividad muscular. Durante el descanso y al mantener posiciones estacionarias, sólo deberían darse contracciones relajadas y de muy baja intensidad para mantener la postura y el equilibrio del cuerpo.
- **Cuello excesivamente arqueado:** si te miras de lado en un espejo y observas que tu cuello está tan arqueado hacia adelante que hace que la barbilla sobresalga hacia afuera y arriba, que la garganta se estire hacia arriba y adelante y que la cabeza se incline hacia atrás, se puede decir que tienes un cuello excesivamente arqueado. Esta postura provoca una tensión y sobrecarga significativas en el cuello.
- **Curva torácica:** curva de la espalda, suave y larga, limitada por arriba por la región cervical y por abajo por la región lumbar (véase la figura 1.13). Cuando la curva torácica sufre cambios notables en cuanto a su forma o tamaño, puede aparecer como resultado dolor en el cuello o en la zona lumbar.
- **Degenerativo:** hace referencia a los cambios estructurales negativos derivados de traumatismos, la edad y/o enfermedades. En referencia a la columna, esto significa una disminución de los espacios intervertebrales.
- **Descompresión:** describe la disminución de la presión sobre el sistema estructural del cuerpo. Las posturas correctas y la relajación muscular reducen la compresión. Si por haber estado levantado y haciendo cosas durante mucho rato tienes más dolor, ayudarás a descomprimir tu columna y a aliviar el dolor adoptando posiciones de descanso tumbado o reclinado.
- **Desequilibrio estructural:** hace referencia a la postura mediocre y asimétrica que exhibe un desequilibrio de su alineación, fuerza, flexibilidad y resistencia. La estructura desequilibrada requiere una gran tensión muscular para mantenerse y sufre un desgaste mucho mayor.
- **Diseño ergonómico:** hace referencia a aquellos productos u objetos diseñados para resultar cómodos, saludables y fáciles de usar, como por ejemplo las sillas de oficina regulables, cuyo diseño está basado en la estructura del cuerpo humano mientras desarrolla ciertas tareas. Desgraciadamente, el término diseño ergonómico se ha convertido en un popular término de marketing que lo ha hecho sinónimo de lujoso.
- **Dolor referido:** dolor que se siente en un lugar del cuerpo alejado de la fuente de dolor; por ejemplo, dolor en el muslo, pierna y/o pie causado por un problema en la espalda o dolor en el hombro, brazo y/o mano debido a un problema cervical.
- **Endorfinas:** son unas sustancias químicas producidas por el mismo cuerpo que ayudan a bloquear los circuitos del dolor. La visualización positiva y la actividad aeróbica facilitan la producción y liberación de las endorfinas, mientras que la ingesta prolongada de medicamentos narcóticos contra el dolor puede provocar su inhibición.
- **Equilibrio estructural:** hace referencia a la postura correcta y simétrica que mantiene el equilibrio de su alineación, fuerza, flexibilidad y resistencia. Si tanto de delante a atrás como lateralmente está equilibrada, la estructura requiere el mínimo gasto de energía muscular para mantenerse a sí misma.

- **Isométricos:** son contracciones musculares en las que no se produce movimiento alguno. El músculo desarrolla tensión, pero no se acorta ni se estira.
- **Lordosis (cervical y lumbar):** es una curva hacia adelante natural de la columna que tiene lugar en estas dos regiones de la misma (véase la figura 1.13). Una cierta curvatura es necesaria para mantener la postura erecta y amortiguar los impactos; sin embargo, si la lordosis está aumentada, es plana o está invertida, puede aparecer dolor.
- **Músculos extensores:** son los músculos que hay junto a la columna y que la recubren por detrás, los cuales van desde el sacro hasta la base del cuello. Si están fuertes, estos músculos nos ayudan a mantenernos rectos y en posturas erectas. A pesar de estar situados al lado opuesto de los músculos abdominales, trabajan solidariamente con ellos para estabilizar y dar fuerza y movilidad a la columna. Cuando están débiles y estirados, permiten que el cuerpo se hunda en sedestación, en bipedestación o al inclinarse hacia adelante. Si los músculos extensores de la región lumbar o superior del cuello están tensos, se produce un aumento de las lordosis, lo que hace que la espalda quede excesivamente arqueada hacia atrás.
- **Región cervical:** hace referencia a la zona del cuello que hay desde la base del cráneo hasta la cintura escapular, por detrás; desde los laterales del cuello hasta la garganta, lateralmente; y desde la cara anterior del cuello hasta las clavículas, por delante.
- **Región lumbar:** es la parte inferior de la espalda. Está constituida por cinco vértebras con sus correspondientes discos y por los tejidos blandos que las envuelven. Es la zona de la espalda situada por debajo de la curva torácica y sobre la pelvis.
- **Sistema eléctrico:** es una forma más sencilla de considerar el sistema nervioso. El sistema eléctrico incluye el cerebro, la médula espinal y todos los nervios del cuerpo, incluyendo los circuitos de bienestar y de dolor. Entre las funciones que dependen del sistema eléctrico se encuentran respirar, pensar y sentir.
- **Sistema estructural:** es una forma más sencilla de considerar el sistema musculoesquelético. El sistema estructural está constituido por el esqueleto, músculos, tendones, ligamentos, etc. Entre las funciones que controla el sistema estructural se encuentran la postura y los movimientos corporales durante la actividad, el descanso y el ejercicio.
- **Sobrecarga o tensión:** es la compresión o estiramiento resultante de mover el cuerpo con amplitudes de movimiento demasiado grandes o de manera que alguna de sus partes sufra mucho estrés.
- **Soportes lumbares:** cojines con forma de media luna que sirven para dar apoyo a la pelvis y a la zona lumbar con el objetivo de mantenerlas más rectas y enderezadas cuando estás sentado en una silla con respaldo.
- **Tejidos blandos:** son el resto de tejidos, aparte de los huesos, que forman el sistema musculoesquelético (estructural): músculos, tendones, ligamentos, fascias, discos, cartílagos, etc. Generalmente, estos tejidos están muy re-

lacionados con el lugar donde se halla la lesión que da origen al dolor de tipo musculoesquelético.

• **Tensión muscular:** describe la tensión muscular que da como resultado dolor por compresión o inflamación. Sobre ella influyen negativamente las malas posturas, la fatiga y/o los pensamientos y emociones negativas.

• **Tests de aflojar el cuerpo en sedestación y en bipedestación:** estos tests reproducen tu alineación corporal incorrecta de forma exagerada a través, básicamente, de dejar que tu cuerpo se afloje mostrando su peor postura. Estos tests no están hechos para ser repetidos como un ejercicio más. Úsalos sólo al principio, hasta que seas consciente de cuál es tu alineación más incorrecta. Después, lleva a cabo tu ejercicio de ajuste postural, que consiste en sentarte o ponerte de pie en una alineación que te resulte cómoda para luego proceder directamente a mostrar tu alineación correcta exagerada.

• **Tono muscular:** se refiere a la actividad muscular normal en unos sistemas estructural y eléctrico equilibrados durante la actividad y el reposo.

• **Ventilación:** se refiere al uso consciente de la respiración e imaginación para favorecer la relajación de la tensión muscular y nerviosa.

• **Vértebras:** son los bloques individuales que conforman la columna (7 cervicales, 12 torácicas, 5 lumbares). Las vértebras, junto con los tejidos blandos relacionados con ellas, dan estabilidad y movilidad a la columna, y protección a la médula espinal.

• **Zona lumbar curvada hacia atrás:** se dirá que tienes la zona lumbar curvada hacia atrás si, al mirarte de lado en un espejo, observas que no tiene curva, es decir, que es plana o que está curvada hacia atrás, provocando el hundimiento del pecho hacia adelante. Esta postura provoca mucha sobrecarga en la zona lumbar y un aumento de la tensión en el cuello.

• **Zona lumbar excesivamente arqueada:** si te miras de lado en un espejo y observas que tu zona lumbar está tan curvada hacia adelante que hace que la parte inferior del abdomen sobresalga por adelante y los glúteos por detrás, se puede decir que tienes una columna lumbar excesivamente arqueada.

Índice de movimientos correctos

Este índice ofrece los números de las páginas en las que se halla la descripción más completa de las posiciones, ejercicios, ajustes posturales, soportes, pruebas de aflojar el cuerpo, «remedios» contra el dolor y patrones respiratorios relajantes que se presentan a continuación. Véase el Sumario, al principio del libro, para buscar los movimientos o ejercicios que no aparecen en esta lista.

Anotaciones

Anotaciones

Anotaciones

Anotaciones

Anotaciones

Anotaciones